# 日本型ワーカーズ・コープの社会史

## 働くことの意味と組織の視点

石見 尚 著

緑風出版

# まえがき

この三〇年、私は農村振興のプランづくりを自分の専門的仕事にしてきた。そのため、住まいのある東京と全国の農村地域を行き来する生活を続けてきた。そして人生の後半を面白く生きてきた。面白いというと語弊があるので、言い換えると、たいへん刺激のある仕事で生きてきた。

足を運ぶ農村は、時節柄、過疎地域が多い。人口が流出して高齢化の進む山里と、高層ビルが林立し若者の溢れる東京の間を往来することが多くなる。山村では残る家が八戸——十二戸という説もあるが——になると、地域生活が維持できなくなるので、集落が消えてしまう。他方、東京の街は毎日が縁日のような人盛りである。私の仕事は、昨日、消えそうになっている僻地の対策を練り、今日は都市の生協やワーカーズ・コープの相談や研究会に出るという両極端にわたっている。毎日が日本のウラとオモテを行き来する生活である。格式ばった言い方をすると、非市場経済と市場経済の交錯する世界を分析し対案を考えるのが、私の仕事になった。

会って話してみると、村の人々は働きたいのに、仕事がない。都市の人々は仕事があるのに、不満を持っている。どちらも、労働が金の流れに引きずられている。そして人々は、社会に反抗する。自分に煩悶する。煩悶のあるのが生きている証拠であるとすれば、反抗も煩悶もない人生は死んでいるに等しいと言えないであろうか。

居直って、労働が金を引きずる働き方がないのか。雇用されて働く生き方と雇用されないで働く生き方の二つを、ひとつの社会でつくり出す方法がないのか。こんなことを、北上山地や中国山地などの無人駅のなかで、二時間に一本の列車を待ちながら夢想したのが、本書を世に送る動機である。

# 日本型ワーカーズ・コープの社会史

## 働くことの意味と組織の視点

# 序章

# 本書の視点

私が、ワーカーズ・コープ（協同労働の協同組合、一昔前の用語で言えば労働者生産協同組合）に関心を持ったのは、協同組合とか労働運動の現実問題への関心からではなく、むしろアカデミックな理論研究からであった。

マルクス経済学の研究水準では、日本は世界のなかでも秀でた国だと思うのであるが、その一つに市場価値の決定の研究がある。御承知のように、経済学の入門編では、商品の市場価値の形成原理として、平均価値説と限界価値説の説明がなされている。両者は矛盾する原理であるので、経済学徒の戸惑う問題である。

小泉信三（一八八八〜一九六六）（元慶応大学教授）は、一九二〇年代初期に、マルクス「資本論」は、第一巻で「平均原理」に立脚し、第三巻で限界原理を採用しているのは、理論的矛盾であるとして、マルクス主義を鋭く批判した。これはマルクス経済学者にとって、大変ショッキングな問題であった。小泉説にたいして、櫛田民蔵や河上肇らが反論を展開し、いわゆる「価値論争」がおきた。その論争点は、その後、日本のマルクス経済学界では、研究テーマの一つになったが、明確な結論には達していない。

私はこの論争について、これ以上述べるつもりはない。もともと、小泉教授が提起した問題は、「資本論」のなかでは解決しない性質のものである。言うならば、市場経済論の領域では、証明不可能な領域を含んでいる。私は、その問題は『資本論』第一巻と第三巻の背後にある、マルクスの執筆プランに関係があると考えた。その探求は『資本論』編集のなぞ解きの問題でもあるが、本質的には社会主義にかんする理論研究の問題である。結論から言うと、問題の核心は市場経済を揚棄（アウフヘーベン）した社会の公正な価値実現のシステムにある。これについては、拙著『土地所有の経済法則』（未来社、一九六六）で、すでに述べてあるので、繰り返すことは避けたい。

マルクスの真意は、市場経済を揚棄した社会的、計画的な生産様式の理論的解明と体系的著述にあったと思われるが、晩年の彼は市場経済を変革する現実の運動に精力を注がざるを得ない状況にあった。かれが構想したのは「資本主義的形態が揚棄されて社会が意識的且つ計画的な組合（アソシアション）として組織されている」社会であった（『資本論』第三巻第六篇第三九章参照）。

かくて、市場経済を揚棄する可能性について、私の解明すべき課題は、マルクスが『資本論』において、協同組合工場（コオペラティフ・ファブリケン）や協同農場への言及で示唆しただけに終わった「協同組合的生産様式」の実地検証であった。そして協同組合的生産様式の中核となる労働者生産協同組合とのかかわりの旅が始まった。

しかし、一九六〇年代の日本には、文字どうりの労働者生産協同組合はまだ存在していなかった。そのため、海外の事例を探さなければならなかった。一九七〇年頃、友人の片桐薫氏の案内で、イタリア中部のボローニャ近郊の新興住宅都市で、マルキーナ農工生産協同組合を訪問したのがはじまりであった。

それから、欧米諸国を中心に、かなり意欲的に、いろいろな職種の労働者生産協同組合を探訪した。とくに協同組合工場の発祥の地であるイギリスについては、ジェニー・ソンリーさん（拙訳『職そして夢』（批評社、一九八二）の著者）やポール・デリック氏（一九一五〜九六。ロバート・オーエン協会と協同組合生産連合の事務局長、国際協同組合同盟調査部長）の協力を受けて、各地を見て回った。そこでの発見は、一九世紀から二〇世紀前半までの職人ギルド的な労働者生産協同組合は存続してはいたが、一九七〇年代の社会的変化にともなって、市民社会型のワーカーズ・コープ（ワーカーズ・コレクティブ）が多数登場しつつあることであった。つまり、労働の協同組合にも新旧交代の波が起きていた。

世界の現代ワーカーズ・コープは、労働者にとっては「賃労働からの解放」、資本家にとっては「資本からの解放」という、伝統的な労働者生産協同組合の思想を受け継いではいるが、資本主義の変貌に対応した新しい解放のシステムを追求するものとなっている。その協同組合のシステムは、各国の経済の仕組みや社会、文化また労働運動の歴史や企業の法人制度によって違った特徴をもっている。その方法によって区分すると、モンドラゴン型（スペイン・バスク）、レーガ型（イタリア）、スコット・ベーダ型（イギリス）の三つに要約できるように思う。

日本では、ヨーロッパより一〇年おくれて、一九八〇年代初頭から、初めて現代的なワーカーズ・コープ（コレクティブ）が出現してきた。日本の場合にも、西欧の三タイプのいずれかと共通する面があるが、経過としては日本型の道があるように思われる。その社会的背景には、単一民族としての結合のしやすさと、その反面、アジア的社会様式による変容の問題がある。一九九二年にアメリカの『日本環境報』編集長のリチャード・エバノフ氏のインタビューを受け、かれと少し討論したことがある。彼は、西欧が追求すべき将来社会の原理は「個人主義と集団（グループ）主義の結合」であると想定し、日本の協同組合の組織方法に関心を持っていた。かれの考察結果については、Grassroots Economic Organizing Newsletter（GEO）、March/April 一九九四に報告されているので、それに譲りたい。アメリカ人にとっては、日本の生協やワーカーズ・コレクティブの群れ方が関心の的になるらしい。資本主義を超える社会の原理は「個人主義と集団主義の結合」であると想定するところまでは意見が一致するが、その結合の要因については、アメリカ人のエバノフ氏と日本人の私との間には、意見の微妙な違いがあった。それにたいする私の回答が、本書を書く理由の一つである。

近い将来の個人主義と集団主義の結合組織は、それに先行する現代の社会組織の運営形態と同様に、四つの単位によって構成されるであろう。この単位は、それぞれに責任とそれを遂行するための権限に由来する権力をもち、社会組織はそれらの単位の力関係のバランスで保たれている。そしてその力関係は、形式的には建前として平等であっても、内実の力関係は微妙に変化を遂げているのが実態である。

会社を例にとろう。会社は、株主、取締役会、経営者、従業員の四つの単位によって活動している。形式論では株主総会が最高の政策決定機関であるはずであるが、責任の小さいところに権限が小さいのは理の当然であって、利益配当と株価に関心を持つだけの大衆株主は、企業の政策決定にも経営にも参加の権限が事実上与えられない。会社の権力は実質的に経営最高責任者に移行し、取締役会さえ経営の事後報告を受ける立場に後退している。そして政策は経営責任者からトップダウンの形で従業員に伝えられて推進されるのが一般的体制である。そこにピラミッド型のタテ社会が完成する。これが代理制民主主義の行き着く姿である。

労働組合と協同組合においても、組織は会社と同様に基本的に四つの単位から構成される。繰り返しになるが、日常業務が専門化し経営が複雑化する組合組織では、大衆団体であっても、責任のないところには権限は発生しない。組合員の利害を代行するアマチュア非常勤役員は業務にかんする情報が遅れ、またプロフェショナルな経営能力も低く、実質的に責任をとれる立場にないから、経営への関与の程度に応じて権限が少なくなる。組合員も同様である。単に賃金だけの関心から労働組合運動に関与する一般社員労働者、あるいは協同組合において、供給される購入品や市場出荷する生産物の安い価格以外に協同組合運動に関心をもたない一般組合員は、組織の運営に参加する権利は形式面だけに限られたものとなる。組合の実質権力は常勤役員と幹部職員に移らざるを得ない。業務が高度化する情報化社会では、労働組合や協同組合が擬似民主制を脱却し、本来の組合員主権の原則を貫徹するには、四つの権力の構造を新しいものに変革しなければならないであろう。

変革のための検討材料の一つは、ワーカーズ・コープである。ワーカーズ・コープにおいても、組織が組合員、組合員の利害を代行し経営参加を委任された運営機関である委員会、委員の互選による常勤執行部、それに専従事務局の四つの単位権力によって構成されることは、代理制民主主義をとる他の種類の社会組織と同様である。しかしワーカーズ・コープには雇用関係がなく、全員経営参加、全員従事（労働）の体制が基本であるから、四つの単位の責任と権限の関係は一つに連携することが可能である。政策形成と実行の過程が、情報の発信と受信という双方向の形で各単位の中で進行し、トップダウンとボトムアップが同時進行するので、四つの単位の責任と権限の関係は、それを共有できる範団の中小規模な輪の形態になる。これはまだ仮説の域を出ないが、言うならば、上と下が相互に接近してフラットなリングの構造になる可能性がある。近代の市民社会の組織は、フラットなリングの権力構造をとることによって、代理制民主主義に伴う建前と本音の乖離を究極的に克服できるのではなかろうか。

「個人主義と集団主義の結合」した組織は、権威的なタテ社会ではなく、また形式的平等のヨコ社会の構造をとるのでもなく、恐らくワーカーズ・コープが示唆するフラットなリングの構造をとると予想されるのであるが、社会組織の結合には、その国の歴史、宗教、文化、地域社会などの風土的要素が作用するから大変複雑な構造になるであろう。比喩的に言うと、有機物質が脂環化合物、鎖状化合物の連結した複雑な構造から成るようなものである。社会組織が化学構造式と異なる点は、風土と国民性に基づくもっと複雑でかつ要素の間で相互作用が働く結合様式をとることである。

スペイン・バスクのモンドラゴン協同組合は、ワーカーズ・コープの複合体として国際的に現代協同組合のモデルとなっている。かれらの協同組合結合の基底には、バスク地方の村落共同体の精神があるという。実際バスクの山里で教会のある小集落を見た印象では、また俳優、緒方拳のバスク集落滞在の感動的な記録「風の谷」をテレビで見て思うことは、バスクは日本の山村集落社会に似ているということである。違う点は、かれらの農業は畑作と牧畜であり、日本は水田農耕ということである。

モンドラゴン協同組合に示唆を受ける点が多いけれども、日本には日本型というべき結合様式がある。それは、水田農耕社会に特有の〝結い〟の精神を現代化したものとなるのではないかと思うのである。〝結い〟というと、古い時代錯誤の発想と思われるかもしれないが、果たしてそうだろうか。結いの起源は田植えの互助による協同作業にある。それは共同水利の関係に由来すると言われている。〝結い〟は田植えにはじまり、ムラ祭や正月のモチつき、豆腐づくりなど、地域共同体の行事などのときに、ムラ人が自分の家の仕事も他人の家の仕事もみんなの共同作業によって順番に片付ける組織行動のことである。老人や寡婦など労力のない家には、協同作業への出役を軽減する配慮もある。西欧の近代協同組合の精神として、「一人は万人のために、万人は一人のために」（Each for all ,all for each）という言葉がある。日本の〝結い〟は、まさに日本の伝統的な生活の知恵である。この日本の〝結い〟の行われるムラ社会では、住民、地区総代、当番役員、当番の四つの単位（責任と権限の単位）が認められるが、あるのはムラ社会を維持する職責であって、ピラミッド型の階級的権力の独立分化が見られない。そして職責は順番に廻されることになる。フラットなリング（輪）でつながっている。輪は和に通ずる。対立より全体の立場にたった協調が優先する。

このような〝結い〟に基礎を置くフラットなリング状の組織は、「一人は万人のために、万人は一人のために」という理想的な結合の関係を創りやすく、階級制が仕事を統治する構造ではないという利点がある。また同質集団のなかでは、連帯感が強いという長所もある。そのため経済では、品質管理や生産管理にすぐれている。

その反面、短所としては、個人の独創的な発想がリング全体に受け入れられるには時間がかかる。また村八分（村民の申し合わせで、仲間はずれにする）の忌まわしい事件が起きることもある。そして何よりも、個人の責任の所在が不明確であり、失敗の総懺悔や罪の隠蔽もおこなわれやすいという欠点もある。また、外部世界に対して閉鎖的で、情報が入らない。

リング状組織が社会的連結に発展するためには、リング同士の連帯の方策を講ずることが必要である。

連帯は単に精神的訓話でできることではなく、質の異なるリングとリングを繋ぐ原理原則が必要である。そしてプリンシプルを現実のものとするために、リングのなかに結合を支援する機能としての二次的組織が必要である。モンドラゴン協同組合複合体は、ワーカーズ・コープの連携の中核として、労働の哲学と労働信用金庫を創出した。この信用金庫は単なる金融機関ではない。信用金庫もまたワーカーズ・コープの組織原理を採用して、高次のリング状社会組織のなかに入っているのである。以上のことから、「個人主義と集団主義の結合」には、日本型のフラットなリング結合組織とそれらをつなぐ多元的な二次的組織を構造的に形成することが一つの目標になる。日本型モデルの創造のためには、村落共同体の遺制に見られる短所を克服しなければならない。フラットなリング状の組織を開放的システムにするために、日本的な特色を客観化し論理化する作業が必要である。

日本のワーカーズ・コープ（コレクティブ）は、その結合のシステムを「協同労働の協同組合」として表現しているのであるが、そこにいたるまでの経過は平坦な道ではなかった。さらに協同組合のシステムが国家と民営企業と並ぶ第三のセクターを形成するまでに成長するには、これからも苦難の坂道を越えてゆかなければならないであろう。当面、法制化の難問を解決しなければならない。日本におけるワーカーズ・コープについての理解を深めるためには、日本の人々にそのありのままの姿を見ていただく必要がある。そのために、氷山の一角であるが、その事例をできるだけ多く紹介するのがよいと考えた。これが本書を世におくる主たる目的である。

次に、世界の人々に日本という国を知ってもらいたいし、特にアジアの人々に日本型の「個人主義と集団主義の結合」の仕方を知ってもらいたい。これが第三の理由である。

以上の経緯から、戦後六〇年の日本における「協同労働の協同組合」の辿ってきた、また辿ろうとする道を整理したのが本書である。

# 第一章

# 日本協同組合同盟の理想と現実

## 1　協同組合主義者の決起

戦争は終わった。都市は灰燼《はいじん》に帰し、荒廃した山河だけが残った。人々は立ちすくんだ。しかし、ただ呆然と日を過ごすわけにはいかなかった。失業と飢えとインフレが襲ってきたからだ。

そのなかで、ある集団が声を上げた。それは第二次大戦中に解散させられた産業組合の活動家たちであった。当時、彼らは「協同組合主義者」と呼ばれていた。「協同組合主義」とは、資本主義でもなく社会主義でもない相互扶助の原理によって、利潤のない民主的で階級闘争のない社会を実現しようとする思想である。このユートピア的な社会思想をめぐっては、一九世紀以来、西欧でも日本でも、その思想、理論、運動方法をめぐって、激しい論争が行われてきた。

日本の協同組合主義者は、政治イデオロギーの傾向から言えば、農村産業組合では農本主義的社会改良主義者が多く、消費組合ではキリスト教社会主義者や左翼社会主義者が多かった。かれらの組織は、第二次大戦中、「国家総動員法」によって、戦時体制団体に強制的に編入されざるを得なかった。かれらのなかには、戦争にたいする非協力や批判的言動ゆえに投獄される者も少なくなかった。

　敗戦の詔勅から僅か三カ月後の一九四五年一一月一八日、協同組合主義者たちは、日本の再建のためには協同組合を再興する以外にないと考えた。そして、協同組合主義を信条とする団体および個人を構成員とする「日本協同組合同盟」を創立するために決起した。大会は次のように宣言した。

「人類の名において誠に恥ずべき虐政悪法により久しく翻弄《ほんろう》支配せられ、天与の尊き個性と自由を蹂躪《じゅうりん》し、伸し得べき才能を涸渇阻止し来れり、是れ敗戦日本の姿なり。

　然るに今や日本の再建、世界の革新により、これ等虐政、悪法の撤廃、社会組織の改造は必至の情勢に立ち至れり。我等日本再建の同志等相《あい》はかり、破壊せられたる民衆生活の安定確保と文化の躍進を企図し、茲《ここ》に日本協同組合同盟を結成す。広く天下の同志に訴え、東亜の連繋より太平洋圏に及びやがて国際的結合にいたる世界人類解放の一翼たらん。

　我等は我等と志を同じうする友誼団体と相提携し、生産消費を正義化し相互扶助の世界建設に邁進《まいしん》せん。若《も》しそれ百の法制、千の政策も人類解放の大愛によらずんば断じて之を拒否し闘争を準備せん。

　我等は一騎当千の勇を鼓し、協同組合の旗の下、十人を以って二十人の事をなし百人を持って千人の事を為さん、これ同志一体とならば難きにあらず。

我等は時代を貫き、人類と国土を通じて変ることなき信条のもとに屈せず妥協せず、正義の前に厳然として遂行せずんば止まざるたぐいなき情熱を以って戦ひを闘はん。

右宣言す。

昭和二十年一一月十八日

日本協同組合同盟創立総会」（原文まま）

協同組合同盟を推進する役員には、産業組合時代からの指導者である次の人たちが選出された。

会長　賀川豊彦
中央委員長　鈴木真洲雄
常任中央委員　辻誠　金井満　木立義彦　山岸晟　山本秋　菊田一雄　木下保雄　隅山四郎　黒川泰一　桑山和一郎　駒井四郎　酒井尚一　渋谷定輔　鈴木善幸
中央委員　島田日出夫　小林繁次郎　窪田角一　千石虎二　岡田宗司　島田啓一郎　山高しげり　赤松常子　鑓田貞子　奥むめお　羽仁説子

監査委員　川崎なつ　山高しげり　井川忠雄　その他
顧問　吉田　正　宮城孝治　三宅正一　その他
参与　有馬頼寧　千石興太郎　志立鉄次郎
岡本利吉　松岡駒吉　杉山元次郎　新居　格　東畑精一　近藤康
東浦庄司　木下辰雄　本位田祥男　黒澤酉蔵　山村　喬　宮部一
郎　暉岡義等　今中次麿　鑓田研一　その他

会長の賀川豊彦（一八八八〜一九六〇）は、アメリカの神学校を卒業し、帰国後、貧民救済伝道した後、一九二一年、神戸の造船所争議を指導した。引き続き、灘神戸生協を設立し、また杉山元次郎らと農民組合運動に携わった。そして一九二五年、「イエスの友大工と家具の生産協同組合」を組織した。一九二七年、東京下町でセツルメント（貧民街の福祉施設）の運動を始め、のち江東消費組合を起こした。第二次大戦では日米和平を唱え、大正、昭和期の協同組合運動の啓蒙と実践に活躍した。

中央委員長の鈴木真洲雄（一八九六〜一九六四）は、秋田県の農村消費組合運動から出発し、保健医療から見放される低所得層のために、組合病院の創設に活躍した。

そのほか中央常任委員には、金井、木立、山本、菊田、木下らの都市消費組合関係の理論・実践家、また辻、隅山、黒川、渋谷、鈴木らの農漁民関係の理論・組織活動家が選任された。中央委員には、男性では、産業組合時代に若手・中堅として働いていた組織・実務経験者、女性では、草の根消費者運動の上記若手リーダーが多く選出されていた。これらの人々は、その後、日本の協同組合各方面の指導者となった。

参与、監査には、当時の協同組合理論研究の中心的学者、また労働運動、農民運動、文化運動の有力指導者が配置された。以上、これらの役員の中から、後に政界に進出し、戦後の民主政治に貢献した人も少なくない。

日本協同組合同盟創立大会はその目指す具体的目標を運動方針に掲げた。その中に、従来の産業組合時代とは異なる注目すべき事項が二つあった。生産協同組合の設立と統一協同組合法の制定の問題である。

第一の生産協同組合については、こう述べている。

「生産協同組合の自然発生的に発達せんとする傾向に注目し企業の民主的経営化とともに、これが健全なる発達を助長しその生産品の消費者協同組合への交流等経営的に結び合うよう努力すること」

日本協同組合同盟の協同組合主義者たちは、農業生産者と都市消費者を農産物流通に関して直結すること、また生産協同組合の生産する日用品の共同購入を通じて、手工業者と消費者を直結すれば、中間利潤を削減し、中間搾取なき社会の実現へ一歩前進する時が遂に来たと考えていたのである。

第二次大戦以前の日本国家は、農民や小生産者には生産協同組合を運営する資本も経営能力もないものとして、設立を認可しなかった。

しかし戦前の労働者生産協同組合については、樋口兼二氏の研究によれば、一九二〇年に設立された測量機械メーカー測機舎があった。しかしそれは産業組合法の対象から外されていた。また印刷工のなかに労働者生産協同組合を提唱する者もあった。それらの数少ない労働者の工業生産協同組合は、その提唱者が幸徳秋水や大杉栄らの無政府主義運動と関連していたため、官憲から危険思想の組織として弾圧された。無政府主義者たちは、後述するアメリカの世界産業労働者同盟（ＩＷＷ）の影響によって、議会主義に反対する直接行動主義を主張したため、戦前の日本の左翼労働運動からも警戒されて排除の対象となった。

こうした歴史的経過を考えると、日本協同組合同盟が生産協同組合を認めて普及しようとしたことは、画期的な意義のある快挙であった。

日本協同組合同盟は生産協同組合を含めた統一協同組合の法制化については、次の立場を鮮明にしている。

「協同組合法制定を官僚にまかすことなく勤労民衆が希望し要求する協同組合運動の正し

き発展に寄与し得る法制化運動を展開すること」

しかし、一九四六年七月には、農林省は農業協同組合法案、厚生省は生活協同組合法案。商工省は経済協同組合法案、大蔵省は経済組合保健法案というように、各省が別個に協同組合法案を作成し始めた。これにたいして、協同組合同盟側は同盟として統一した対案は示すことができなかった。

しかし本位田祥男は、個人的意見として、官僚の縄張り立案は組合分立のもとになるとして、業種別の協同組合法制は不要と断言した。そして、一本の簡素な協同組合法にまとめ、特殊の事項は定款に規定すればよいと提案した。その上で、生産協同組合を公認すべきことを力説した。

「従来の産業組合法の中で一番の欠陥は生産組合の認められていないことであった。（中略）最近は中国から合作社運動が逆輸入されている様であるが未だ準拠法がない。この際純粋な生産組合をも公認することは特に必要であろう」（『日本協同組合新聞』第六号　一九四六年七月二〇日）

実際、一九四六年六月二三日、神田一ツ橋教育会館で開催された臨時総会では、いくつかの地方代表から「一本の簡単な協組法案を作ることが望ましい、基本法を作る決議をせよ」という意見があった（同紙一九四六年七月五日）。

## 2　生活協同組合法の制定経過と生産協同組合

一九四六年に入ると、ＧＨＱは日本の民主的改革を急ぐ必要から、農地改革と並行して民主的農協の設立を急いだ。ＧＨＱは日本占領統治の方法として、表面的には日本の官僚機構を通じて支配する間接統治方式を用いたので、天然資源局による農林省にたいする農業協同組合法の立案の指令が引き金になって、諸政党と関係各省による協同組合法案の作成競争がはじまった。競争の焦点は、協同組合が生産面へ進出することを認めるかどうかという問題であった。農業協同組合法案では、生産協同組合の挿入はＧＨＱの反対で認められなかった。しかし協同民主党の協同組合法案では統一協同組合によって生産協同組合を包含することが模索され、漁業協同組合においては資本をもたない漁民のための漁業団が企画された。また、農工調整協力中央会はその国民工業組合法案において、外部資本の導入に疑問があるにしろ、生産協同事業を構想していた。

次章で取り上げるが、『中国の赤い星』で抗日戦下の中国の生産合作社を紹介した有名なジャーナリスト、エドガー・スノウは、一九四六年六月、日本滞在後の感想として、「日本の生産協同組合運動は生産協同の特殊な状態に適する恵まれた環境をもっている。

生産協同組合の組織は購買力を増加せしめると共に就業状態を向上し労働者の生活水準を高めることが出来るであろう」というメッセージを、六月三日の『ジャパン・タイムズ』に寄せていた。実際、東京都足立区千住一帯は大工、左官、トビ職の多い労働者の街であるが、労働者たちは生協を設立すると同時に生産協同組合をつくりたいと、取材記者に答えていた（『日本協同組合新聞』四六年六月二一日）。

日本協同組合同盟は協組法案制定促進実行委員会を設け、七月八日、独自案を検討した。その結果は、同盟の外部で模索されている意向とはちがって、協同組合法制化の方向は基本法や統一法ではなく、個別の生産事情を考慮して法制化を行うこととし、同盟としては生活協同組合法に集約する方針を固めた。

「英米独における様な協同組合法とは社会的歴史的情勢に差異あり、錯雑せる現実の経済、社会情勢に即応して、生活農業工業等夫々の特殊性に応じた現実的具体的個別法を作成すべきである、しかして当面の関心と努力を専ら生活協同組合に置きこれが成文を今議会に提出する様努力する。（中略）生活協同組合を消費者としての組合員が主体となり自ら利用する事を目的として組織する各般の生活施設の綜合的経営体としてその存立を確認すること」（前掲紙四六年七月二〇日）。

この方針は、日本協同組合同盟の創立時の理想や意気込みと比較すると、著しく現実主義的な後退であり、協同組合運動の矮小化であった。それは「同盟」のなかで多数を占めた都市消費組合運動家（中央委員長は藤田逸男）たちの視野の狭いエゴとも見えるものであった。しかし、それにはそれだけの背景があった。

敗戦後間もなく都市に勃興した消費組合は、はやくも経営の危機に見舞われていた。生活物資は配給制下にあって、消費者大衆は窮乏生活にあえいでいた。米はもちろんのこと、みそ、しょうゆ、薪炭、生鮮食料品、マッチ、衣料品など、生活必需品の配給は、行政機構と公団、地元顔役の支配する町会のルートが主流であった。都市で協同組合が存立するためには、統制経済のなかで、生活物資の荷受権と配給権を取得する必要があった。流通面で、業界の他の業者と同等の扱いを受けることが先決であって、生産協同組合を同伴する余裕がなかったからであろう。

同盟は一九四七（昭和二二）年八月一六日、生活協同組合法案を発表した。これは、各種の協同組合法案のなかで、民衆の力で自主的に作成した法案として特筆すべきものであった。ＧＨＱのなかにグラジュダンチェフ博士という理解者を得たこと、片山首班の社会党中心の連立政権が誕生したという情勢も、独自案に有利に働いた。そして厚生省は同盟案を基礎にした「消費生活協同組合法」案を提出し、一九四八年七月三〇日、遂に「生協法」が成立した。この法には、もちろん生産協同組合は包含されてはいないけれども、同盟が主張していた事業として、「組合員の生活に必要な物資を購入し、これに加工もしくは加工しないで、又は生産して組合員に供給する事業」（第一〇条）が設けられていたから、やり方によれば生協と関係のある生産協同組合を組織する可能性を秘めたものであった。

その方法の一は、生協自身の行う「自己生産」に生産協同組合の方式を取り入れることである。その二は、外部の生産協同組合の製品を購入することで、生産協同組合を支援することである。

しかしそれは、甘い希望に過ぎなかった。生協が直接的に「自己生産」するには、組合員の出資金だけでは、生産事業に必要な資本を調達できなかった。制定された生協法では、同盟草案にあった信用事業は削除されていて、生産事業に必要な長期投資の道は絶たれていた。また自己生産においては、生産の適正規模があり、余剰製品を他に販売できなければ経営が成立しないが、生協においては組合員外への販売は禁止されていたので、生産事業は難しい課題であった。

次に生産協同組合からの購入に関しては、同盟傘下の生協はすでに四六五二組合（一九四七年三月現在、地域組合一一五八、職域組合三四九四）を数えたとはいえ、一組合平均約一〇〇〇人程度の中途半端な規模であって、生活必需品の生産量と購入量の対応が、「帯に短したすきに長し」の状態で、うまくマッチしなかった。そのため、製品の質、供給の安定性の問題を除くとしても、事業として円滑な支援体制を組むことができたとは思われない。

この論議の段階では余談になるが、日本の生協は一九六五（昭和四〇）年から伸張しはじめた。なかでも七〇年代、八〇年代に急成長の中心となったのは、公害から生活を守る安全な食品を供給する地域生協であった。地域生協には大別すると二つのタイプがある。班組織による共同購入方式の無店舗生協と共同購入を日常化するという名目のスパーマーケット方式の店舗生協である。七〇年代以降の生協拡大の主流となったのが、家庭の主婦を基盤とした店舗型の市民生協である。店舗生協は生鮮食料品をとり扱いやすいという点で有利であるが、競争のはげしい流通業界の中で、他の大型店に伍して経営するには多額の資本を要する。そのため、七〇年代以降に急成長した日本の生協には、その傘下に生産協同組合を育成する経営的余裕が生まれなかったと言えよう。しかし問題は、生協の経営的事情だけから発するのであろうか。生協リーダーの意識を検討しなければならない。

## 3　協同組合同盟リーダーたちの生産協同組合にたいする評価

協同組合同盟に結集した協同組合主義者たちは知識人であったから、資本主義における生産協同組合の思想史的意義を理解していたと思われる。しかし、理解と行動とは別である。日本の消費組合運動者のなかには、ベアトリス・ウェッブによる労働者生産協同組合批判（注1）の視点から、先入観をもって、生産協同組合を見る傾向があった。

当時の協同組合同盟の理論的指導者たちが生産協同組合についてどのような見方をしていたかを、一九四六年一一月一六日、日本協同組合同盟一周年を記念して行われた座談会を通じて検討してみよう。

そのなかで、灘神戸消費組合、江東消費組合を通じて、消費組合一筋に生きてきた木立義道の発言に注目したい。彼は生粋の労働者出身で賀川系の誠実な実践的協同組合主義者であるが、生産協同組合にたいして、かれの経験からのネガティブな発言は戦前の日本の実情を物語っている。彼にとどまらず、戸澤仁三郎などの率直な意見は、消費組合のオルガナイザーとしての苦労の多い経験から出たものと思われ、日本の労働哲学と社会構造を検討する上で興味ある材料である。

注1　フェビアン協会の創設に力のあったベアトリス・ウェッブ（一八五八～一九四三）は、消費組合運動の観点から、労働者生産協同組合が利益を挙げて労働者の間で分配することは、消費者組合員に還元されるべき利益を奪うものと批判した（『消費者組合運動』一九二一）。

## 生産協同組合についての座談会（一九四六年一一月一六日）

**司会**　鈴木満洲男（協同組合同盟中央委員長）、中林貞夫（同常任中央委員）

**司会**　例の生産協同組合の合作社の問題ですが、最近各協同組合で自己生産に入っておりまして、御婦人の方でも婦人服を作るとか、私どもの関係では靴の修繕なども出て来ましたが、合作社について平野先生から御説明をお願いしたいと思います。

**平野義太郎**（中国研究所長）　大体、中国の合作社運動の発展の背景になっておるものを考えますと、第一には先進国の資本主義、帝国主義的な商人と対抗するには合作社運動に他はなく、資本主義はそれより発展できません。第二には日本の軍が入っており、抗戦建国ですから抗戦という立場から兵隊さんの服を作るなり、鉄砲の弾丸を作るまで工業を興して合作していかなければならないという必然性があったと思います。その点今の日本とは違うように思いますけれども、日本の資本主義はアメリカの商品に匹敵出来るが、どのくらいのものが出来るかは疑問でありましょう。中国の場合はどんなに高くても工業的に生産すれば売れるわけなんですけれども、インフレが昂進して来た日本の今後にも参考になる点があると思います。いづれにしても農村の合作社というのは困難な仕事です。工業の仕事が農村に根を下ろして進んでいったというのは、工業の性質からくるので、従来の官僚的因習のない新しいものが農村に根を下ろした。それにしたがって、まわりに生産合作社が興る、工業生産というものの合作が興る前提であったわけであります。日本の場合は資本主義的な商品生産というものに対抗できる、あるいはそれを糾合しない部面が滅びる必要があると思います。メリヤスだとか靴だとか、商人の製品がそこから規定されてくると思います。中国合作社の学ぶべき点は、ロッチデール原則[注]とはまるで違う原則から出発しておりまして、したがって経営面でいくと経営者自体が零細な資金を出して、無論貧弱な鍛冶屋から始めたわけですが、一番障害になるのは技術者の俸給なんです。

注　イギリスのマンチェスター市郊外にあるロッチデールの織物工たちが一八四四年に創設した公正開拓者組合店舗の運営原則で、自由意志による加入、一人一票による意志決定、資本配当の制限等を定めた。一九三七年、国際協同組合同盟の「協同組合原則」の主要な基準となった。

これは普通の熟練工と同様の俸給で満足して働くというので、人件費が少ない、これを極力節約出来るということで利益の点があることと、有機的構成といいますか機械部門とは、賃金部門の方が多くなるものですが、配当出来るんですが、どんどん資金を廻わしていって、資本を高めていって、機械部門を高度化していっていますが、そこまで現実の利益を得れば現実の利益として感ぜられると思います。機械を高度化して、コストを低くしていくわけです。しかし日本の場合にとって、参考となると思われるのは、工業生産と運商といいますか、運送、運搬ですね、それと販売とが連鎖的に、絶えず有機的にいっていることですね。工業生産でも、生産と消費を媒介する環としての交通運輸がうまく入って来ないと発展しません。その意味で日本の国鉄でも、もっと積極的に出てくれるようにならないと、非常に障害になるんですが。地方の交通機関でも農村にも入っているのですし、国鉄も工機部なんかありますから農機具の修理の方まで出てくれるとか、単にものを運ぶというのでなくて、生産方面にも直接出てきて、生産と消費と直結することが必要なのですから、それが両方積極的に入ってくるような体制がとれないことはないと思います。中国の合作社が発展したというのは消費面と生産面との連鎖組織が有機的にうまくいったという点があると思います。これに制限というものがなかった。政治上の問題にもなりますが、決して工業合作社を特別に保護するということもなかったし、自由競争にまかせて、どっちが勝つかというふうでしたね。

**本位田祥男**（経済学博士）　さっきの木立さんの御質問（協同組合の廉価販売と組合共有財産のための積立金の関係――筆者）も今の問題と関連していると思いますけれど、結局フランスにしてもイギリスにしても生産組合運動というものが失敗した原因は、商品の販路が不確定だった。販路が確定し、それを運送してしっかり引き取ってくれる人があれば、それだけよくなる。もう一つの資本の蓄積の出来たところが支那のようなインフレの場合で、そうでない場合は、内部的につつましい生活をしている人々の間に労銀はできるだけ払わなければならない。労銀を払うとすれば、あとに残る資本というものは、ほとんど蓄積ということができない。なにか工場的な経営をしようとすれば資本がいる。資本を求めるには、従来の日本では、工業資本を支配している問屋に牛耳られてしまいます。その二つの面がイギリスでもフランスでも組合の発達を阻害していたものと思います。消費組合連合会がその中に入ってきた場合に、販路が非常に確立されるわけですね。地盤があれば、大きなバックですから相当資本も出来ます。

しかもその場合には、同じ労働者ですから、こうした動きに対して理解をもって、資本の力を振り廻わしていこうという欲望をもたずに、充分な数字的なものを求めながら、出来た品物は引き取ってくれるという、消費者の方のそういう地盤より販路というものの助けを借りた部分だけが、生産協同組合として、イギリスでは今日までも興っております。そして興っているものは確実に進んでいるわけです。日本でも合作社運動が興りつつありますが、これはやはり協同組合同盟というようなところが中に入って、勿論ここと深い関係にある全国的な消費組合に流していくと同時に、なんとかして資本も充分に、たとえば農林中金だとか、そういう支配的な欲望をもたない、資本を流し込んでいくということができれば、日本の場合においても合作社が出来ます。ただ日本の産業組合法がほんとうの意味の合作社を許していない。これは是非とも今度の議会あたりでとり上げてもらうようにして、どういう形になりますか、そこに働く人が出資し、働く人が運営していくという、そういう組合を認めていくということが、なにより必要だと思います。

**木立義道**（江東消費組合専務理事、東京購買組合連合会理事）　生産合作社の問題は、働く者が経営者であり、管理者であるという点ですね。それは働く人たちが経営の意識がはっきりしていないと困難な問題が日常の仕事の上に現れて来るのじゃないかと思います。

かつて震災直後でありましたが、集団バラックの中に大工さんが遊んでおりましたので、仕事を与えるために組合を組織して、生産組合という名前をつけたのですが、それまで意識がはっきりしていなかった。しかしそこにいれば仕事が出来るものですから入っておりましたが、おれの方には分の悪い仕事をくれて、彼の方には分のいい仕事がいったというので、内部に軋轢が出来て来た。そこに働くものが支配するということは、教養がないとむつかしい問題で、フランスなんかの生産組合の歴史をみましても、中心になる親方がしっかり指導している間はよく出来るのですけれど、指導者がいなくなると、うまくいかないように思われます。

**戸澤仁三郎**（東京都生活協同組合連合会専務理事）　先だってある人に北海道の大きい生産

協同組合のことに言及せられて、その生産協同組合は経営的には成功しているかも知れないが、しかしそれは純然たる資本主義的経営であって、使うものと使われるものとの間に争議を引起しているということをいわれた。——（中略）——生産協同組合が資本主義化させないような方法がとられなければ、生産協同組合は経営的にはうまくいっても、その実は全く資本主義的な経営体になってしまうのではないかという危険性が感じられるわけですね。

**司会**　さっき平野先生のお話を伺っていて感じたのですが、たとえば、生産協同組合が失敗したと言うのは、なぜかということを探ってみたのですが、支那の合作社の職員が、設備をたえず高度の能率のあるものに変えていったという、賢明な策ですね。イギリスでもフランスでも、協同組合をやっていた連中が資本家だったときは、機械も設置していたけれど、労働者がいったん経営の実力をとった場合には、それをやるというと反対して、労働者はもっとも能率のあがらないものをやっているうちに、資本家のために負けてしまったという、なまなましい事実があるのですがね。仲間割れだとか、資金がたりなかったとか、いろんなことがありましたが、実際労働者というものは、教育、知識、いろんな面からみて非常に保守的で改革という場合には、昔から反対するという面があるのです。結局根本の問題は、生産手段自体が高度化される。その組合を誰が扱うか、農村においては貧農が扱うか富農が扱うかによって、富農家によって高度化するか貧農家によって高度化するかということですね。都会においても、問屋的生産者が扱って、その方から生産手段を支配してくるか、それを高度化してくるものが、そこに働いている労働者であるか、これによって決定すると思います。労働組合が固まって入っておりますけれど、こういう二つの道があると思います。生産手段を高度化していく道を、民主的にとるか、資本家的にとるかですね。

**戸澤**　しかしただそれだけでは、やっぱり解決されないと思いますね。貧農とか、下の方の労働者がそこの支配権を握っておったとしても、その経営がうまくいって、懐具合がうまくいってくると、気持がまた変ってくるのじゃないですかね（笑声）。小ブルジョア的になってきましたね。それを防ぐためには、下の層の連中が権力を握ると言うのは面白いと思いますけれど、だんだん気持が変化してくる危険がありますからあくまで民主的な強力な組織のもとにおくことが必要だと思います。

**平野**　結局、民主化が基盤になっておりますから、一つの生産合作社の中の民主化が、絶えず行われるということも必要であり、やはり社会機構全体が民主化に向くように、舵がとってあると、進行がスムーズにゆくわけですね。

**木立**　そのために、生産合作社協会という横の連絡がありまして、たえず宣伝教育をしていたというのですね。それからもう一つ、生産組合はどちらかというと、成績が上ってくると門戸を閉じてしまうような傾向がありますね。

**司会** 日本のいままでの協同組合の指導者、本位田先生も指導者ですけれども、実際いけなかった点は（笑声）ばらばらなんですよ。信用組合は全然別個のものですし、そうかと思うと販売組合、これがまた別個なんですよ。水産組合もまた別個で、消費組合と連絡がないんですね。綜合的な、コンプレックスされるものがない。これを綜合してはじめて、協同組合というものが進んでいく一つの政策をもつのだと思いますがね。

日本協同組合同盟が生産協同組合について以上のような論議を始めていた頃、生産合作社という名の生産協同組合が意外な方面から現れてきた。

# 第二章

# 生産合作社運動

## 1　日本生産合作社協会の設立

杉山慈郎、渡辺史郎、国井長次郎の三氏は、焦土と化した東京の神田神保町で、「日本生産合作社協会」を一九四六年三月二三日に創立した。日本協同組合同盟の賀川豊彦、鈴木真洲雄は、創立総会に駆けつけて祝辞をのべた。杉山たちは創立に先立ち、一九四五年一二月、「再建合作社必成会」を立ち上げていた。

杉山慈郎、国井長次郎は戦時中、内閣情報局（一九四〇年一二月、第二次近衛内閣が設置し、一九四五年一二月廃止）で働いていた文化関係者であったので、戦後、自由を得た知識人たちとの交流があった。かれの日本再建構想はこれらの文化人、ことに協同組合主義者から激励された。戦前の日本と中国の間は、戦後よりも、人間的交流があって、社会運動の情報がよく流れていた。情報局で働く知識人たちは、中国での生産合作社の動向をよく知る立場にあったと推量される。事実、中国の合作社運動は、日本では東亜研究所や満鉄調査部で、すでに調査報告や翻訳がなされていた（注1）。

杉山たちの「再建合作社必成会」は、抗日国共合作政府時代に始まった支那合作社に啓発されたもので、高度の情報に接することのできる知識人の論議から発想されたものであった。「再建合作社必成会」では、勤労者の生産協同組合を合作社と名付け、また「生産自治体」とも呼んでいた。生産自治体を推進する機関として、「再建合作社必成会」を立ち上げる趣旨を次のように述べている。

「私たちは戦争中、微力ながら御国と共にあるべく最善を尽くした心積でいます。そして敗戦と共に、御国が進まねばならぬ新らしい運命を、如何に開拓するかについて深刻に苦悩しました。そして考えつくして得た結論が、支那工業合作社の示唆する新らしい生産自治体の方式で、今や壊滅にひんしている国内経済を再建し、民生の安定を図ることが新日本民主主義確立のため最良の途だというであります。

新しい生産自治体とは、企業に対して自主と責任を持たせるため、協同組合的に組織される勤労者団体と、国家再建に自覚と責任を持つ、進歩的な金融資本群とを合理的に直結させ、全く民主的な企業体を確立させると共に、これに再建のための積極自主且つ強力な所謂『生産力』を与えていくという思想であります。――」（一九四五年一二月）（注2）

この生産自治体構想をいち早く支持したのは、日本協同組合同盟中央委員長鈴木真洲雄で、生産自治体への期待の一文を寄せている。というのは、鈴木の盟友賀川豊彦は、支那合作社の組織指導者の一人であり、支那工業銀行頭取でもあった芦広綿に、協同組合運動について影響を与えた人であったからである。

そのほかに、杉山たちの合作社運動を支援したのは、有馬頼寧、当時の大蔵大臣渋沢敬三、経済安定本部長官和田博雄、安定本部幹部の都留重人、稲葉秀三、さらに外務省の大来佐武郎ら進歩的官僚たちで、そのほかに松本重治、木内信胤であった。民間では自由学園の羽仁説子、亀井貫一郎らがいた。外人でこの合作社運動を強く支持したのは、著名なジャーナリスト、エドガー・スノーであった。また彼を介して、GHQ経済科学部のウォーカー中佐らにも支持を広げた。今日の言葉で言うなれば、合作社運動に共鳴したのは、思想的には中道左派ないし自由主義者で、しかも戦後の日本再建を政治革命よりも建設的で地道な経済復興に求める知識人たちであった。

他方、GHQ（占領軍総司令部）は日本への進駐後間もない一九四五年一二月八日、覚書「救済並びに福祉計画の件」を日本政府に送り、一九四六年一月から六月の間に、失業者と貧困者にたいする包括的な救済計画を提出することを命令した。こうした背景があって、GHQの担当者も日本の生産合作社の台頭に関心を持たざるをえなかったと思われる。

注1　一九四一年一二月、満鉄調査部職員佐藤大四郎らが、橘樸《たちばなしらき》（一八八〇〜一九四五。大分県杵築市生まれ。中国研究者。一九三一年創刊の雑誌『満州評論』の編集者。主筆となり、自由主義的立場から満鉄調査部の左翼知識人の思想的支柱となった）の影響のもとに満州でおこなった

貧農合作社の組織運動で、日本人の職員五〇余人が検挙された事件があった。
注2　国井長次郎著作集第二巻『再建』第三号

## 2　戦後日本の生産合作社

### 1　組織状況

敗戦の年から二、三年のうちに、食品、製材、化学、繊維、機械器具、窯業および土石、藁加工、その他の工業生産企業が雨後の竹の子のように生まれてきた。政府が農村工業の振興助成のために一九四七年四月に実施した調査によれば、一九四八年一月一日現在、農村工業(注3)だけでも一万五八九三工場、そのうち組合形態のものは約三〇〇〇(一八・八%)、会社形態のもの約五〇〇〇、その他約七〇〇〇にのぼった。都市地域の工業を含めると、さらに膨大な数にのぼったであろう。

注3　政府の定義によれば、農村工業とは、(1)立地が農山漁村地域であること、(2)資本が農村の資本であること、(3)労務が農村者または農村居住者に依存していることとし、農村工業のあり方としては、(1)経営形態は協同経営を原則とし、企業の所有と労務の一体化を理想とするが、事情により個人経営及び会社経営も認める。(2)農村の過剰人口を吸収し、農業経営及び地方経済の

発展に資するとともに農村文化厚生に寄与するものとした。（全国指導連編『農業協同組合年鑑一九五二』）

日本生産合作社協会は、これらの小工場のなかで、「勤労者で組織する生産組合的な企業形態」で、中国の生産合作社の原則を日本に適用した組織原則に合うものを「生産合作社」と名付けた。その組織原則は次の四項目にわたっていた。

(1) 資格のある勤労者は、その事業の経済条件が許す限り誰でも社員となることが出来る。

(2) 社員は、いずれかの面で勤労を提供することが必要で、単に資本だけの参加は許されない。

(3) 社員の持分は制限され、かつ議決権は持分の多少に関わらず一人一票である。

(4) 持分に対する利益の配当もまた制限され、純益は、配当金として勤労に応じて公正に分配される。（注4）

協会に連絡のある合作社は三〇〇社といわれた。当時の農村や都市の新興工業社の数から言うと、一～二%の割合を占めたに過ぎないけれども、勤労者生産協同組合の概念を明確に打ち出した意義は大きい。

生産合作社二六四社（一九四八年一月現在）の分布を見ると、東京都、山形、福島、千葉、神奈川、長野、新潟、静岡、山梨、愛媛県などで、東日本に比較的多く設立されている。資本規模は報告のある一八一社のうち一〇万円以下の零細企業が一〇八社（六〇％）を占めている。一社平均社員は二一人という小規模である。社員総数六五六〇人、そのうち引揚者が八〇％を占めていた。工業の業種別の社数は次のとおりで、生活に関連する業種が大部分である。

**表2―1　業種別生産合作社数**

| 業種 | 社数 | 業種 | 社数 |
|---|---|---|---|
| 農産物加工 | 二八 | 窯業 | 六 |
| 藁加工 | 二三 | 竹加工 | 六 |
| 燃料 | 一九 | 搾油、水産加工 | 各六 |
| 土建 | 一八 | 更正修理 | 五 |
| 木工 | 一八 | 製粉、印刷、製塩 | 各五 |
| 紡績 | 一六 | 畜産 | 四 |
| 縫製加工 | 一四 | 開墾、皮革、製塩 | 各三 |
| 製材 | 一〇 | 電気工事、肥料、園芸 | 各三 |
| 履物 | 八 | その他 | 三八 |

| | | | |
|---|---|---|---|
| 運輸 | 七 | 計 | 二六四 |

備考　日本生産合作協会『生産合作社の理論と実際』（一九四八）

注4　生産合作社の制定法がまだなかったため、法人形態は有限会社と株式会社の形態を借用した。以下は株式会社の定款を代用したものの一部である。

第一章　総則

第一条　ワガ社ハ合作社原則ニ基イテ設立サレタモノデアル。合作社原則トハ、次ノ意味ヲ持ツ

1　資格ヲモツ勤労者ハ、ソノ事業ノ経済条件ガ許ス限り誰デモ株主トナルコトガデキル

2　株主ハ、イズレカノ面デ勤労ヲ提供スルコトガ必要デ、単ニ株式ヲ持ツ資本ダケノ参加ハ許サレナイ

3　一株主ノ持株ハ制限サレ、カツ議決権ハ持株ノ多少ニカカワラズ平等デアル

4　持株ニ対スル利益ノ配当モマタ制限サレ、純益ハ配当金トシテ勤労ニ応ジテ公正ニ分配セラル

第一〇条　株主一人ノ持ツ株式ノ最高ハ十一株トスル

第十一条　株主一人ノ持ツコトノデキル株式ノ最高ハ資本ノ五分ノ一ヲ最高トスル、但シ必要ナ株主数ガ得ラレヌトキニ限リ、株主総会ニオイテ総株主ノ議決権ノ四分ノ三以上ノ同意ガアレバ、一時的ナ便法トシテコノ制限ヲ超エルコトガデキル

第二四条　各株主ハ一株ニツキ一箇ノ議決権ヲ有スル、但シ十一株以上ヲ有スル株主ハスベテ十一箇ノ議決権シカ有シナイ。

## 2　事例

### (1)　ヒカリ農工合作社（東京都東久留米市前沢）

東久留米市の陸軍通信所跡に、一九四六年一〇月、同胞援護会支部の施設として、スマトラ、ビルマなどからの引揚孤児たちを受け入れる久留米勤労補導学園（園長　中込友美）が設立された。この学園は青少年を慈善的温情主義で受け入れるのではなく、独立して社会に出ることの出来る生産能力のある人間を養成することを目的とした。そして精神教育と生産教育を一体化するため、生産協同組合システムを取り入れた。「ヒカリ農工合作社」と名づけ、青少年二八人（一四～一九歳）を農事部と工作部にわけた。

農事部は食糧自給のため、四ヘクタールの農地に穀物や草花を栽培し、また製粉、農産加工、藁加工、製縄を行い、そのほかに畜産（豚、山羊、うさぎ）と畜産加工を試みた。久留米自治農協に加入して、生産物を販売し、また共催で林間学校や科学知識の普及にあたった。

工作部は、ラジオ工業協同組合に加入しているので材料が入手でき、ラジオの修理や組立を行い、また輸出用オモチャの製造に従事した（『日本協同組合新聞』一九四七年八月五日）。

（2）　信夫婦人合作社（福島市清水森合南戸）

終戦後間もなく、新日本婦人同盟福島支部では、子育ての終わった家庭婦人たちの間で、消費生活に甘んずることなく、経済的に自立した生活を築くことが必要だという認識が高まった。福島県は絹の産地であるから、洋傘の骨さえあれば、国内需要の増えつつある洋傘の生産ができると考えた。業者組合を検討したが、飽き足らなく思っていたところ、生産合作社運動の内容と組織を知り、一九四七年一〇月、七人（未亡人二、引揚者二、前教員一、普通者二人、平均年齢三〇歳）で洋傘製造を合作社として始めることにした。

技術は山梨県の技術者に半年講習してもらった。作業所は発起人の離れ一棟を転用した。問題は資金であった。出資の経験がない家庭婦人たちは、出資の話になるとしり込みしてしまうので、当初資本は発起人一人が引き受け、事業の発展とともに、従事者の資本参加のため、事業利潤の一部をみんなで積み立てていくことにした。そのため、製造だけでは充分な収益を上げることができないので、修理張替の需要に応じることにして、工場、学校、生協、婦人団体から仕事をもらうため、みんなで外交を行った。学童用洋傘を多くつくり、雨の日も登校できるように配給していくことが目標であった。

### (3)　飯能製材合作社（埼玉県入間郡飯能町）

飯能は秩父・奥多摩地方の西川林業地帯の中心地であって、明治四〇年頃から製材業が発展した。一九四一年には製材業者は小規模経営ながら五二名を数えた。これらの製材業は、第二次大戦中の一九四三に官統制下の木材会社に買収統合された。敗戦によって、一九四六年五月、この買収木材会社は元の製材業者に返還されることになつた。

発起人の一人は、戦争中、中国に出兵していたとき、合作社に漠然と関心をもっていたが、復員した日本の新聞紙上で合作社の記事を発見して、これからの農山村更正の道は合作社経営にあると考えた。というのは、敗戦後の日本人の生活状況は、戦時と比べて秩序が荒廃し、住居の貧困、教養の低さ、衛生観念の乏しさの点で、中国を彷彿させていたからである。これを克服し、日本を再建するには、山林所有者は木材を提供し、木材業者は技術と知識を出し、労務者は労働を提供することで、精神と物質を融合する体制を築かなければならないと考えた。そして一九四六年五月、社員八名が出資して、有限会社形態の合作社を始めた。

経営にあたっては、社員の合議制を採用し、一カ月の予定表の作成は社員全員の事情を考慮して決定する。その結果、社員は従業員としての意識から工場経営に積極的に責任をもつようになった。給与は日給制であるが、査定を技術の優劣に重点を置き、出勤日数、扶養家族の多少、自家耕作の有無を斟酌する。そのほかに、当月の売上高を斟酌して、臨時手当を支給することにしている。

(4) 日本実用履物生産合作社（東京都台東区浅草花川戸町）

これは草履製造の一四人の個人業者が一九四六年一一月に設立した協同生産の組合で、共同施設として作業所と販売店をもっている。その起源は、戦争中にさかのぼる。米軍の空襲が激しくなると、問屋が疎開してしまい、零細な家内業者たちは問屋の支配から自由になった。彼等のなかには空襲で家を焼失した者が多く出たので、あつまって共同作業をした。

終戦後、民主主義の風潮がかれらの協同生産事業を後押しした。彼等は自分達の技術を生かして、問屋から独立する合作社の道を選ぶことにした。

問題は社員の労働と給与の決め方であった。草履職人は通常、家内労働者として自分の家で一日一〇時間くらい働き、小売業者として製品に五〇%の小売マージンをプラスして自分で販売する。合作社はこの職人の生活労働習慣を尊重しつつ、協同生産を持続するための合理的運営体制を編み出さなければならなかった。その方法とは、社員として作業所に通勤して一日八時間労働に従事し、出来高工賃として基本給を受けとる。そして、純利益の六〇％を出資手当として口数に応じて配分し、残り四〇％を全社員の総出勤時間数を基礎として各人に出勤手当を配分することであった。これを社員総会で決めるのである。

創業一年の結果では、合作社の社員は個人業者よりも工賃において二〇％多い基本給を受け、出資金の予定払込金額より一四％多い積み立てができた。

(5)　有限会社千葉建設合作社（千葉県印旛郡千代田町四街道）

この合作社は土木事業の合作社でなく、四街道の町おこし企業である。一九四六年八月、「生産合作社について」というパンフレットを見た創業者が、同年一一月、男五名、女二名の七名（うち五名は資金協力だけ）で、手作り小物編物事業から始めた。そして多くの知人の協力を得て、同合作社は一年のうちに藁加工部、手紡績糸部、洋裁部、食料品加工部のある農村工業の綜合工場（社員従事者三〇名）に発展した。「一人は皆のために皆は一人のために」技術を磨いた甲斐があって、「安くて親切だ」という評判が近くの町村まで広がった。

しかしその過程は順風満帆というわけではなかった。暴利業者は徒党を組んで妨害した。町のボスたちは共産党の会社だから合作社を止めろと威嚇した。一方、共産党の若者たちは「民主的だと言って搾取しようとしているのだ、そんなの止めろ」とデマを振りまいた。このようなデマを振り払って、事業を確実に伸ばした。

合作社で心がけなければならなかった問題は、協同労働の仕方であった。長年一人よがりに育てられ、自己の利益だけが生かされるような環境で生活していかなければならない人たちが集まって働くのであるから、意見と行動の自由が急に開かれる時代になると、わがままから衝突が頻発したという。社員は自己革命の必要に迫られた。合作社では人間が仕事をするのだから、まず人間を育てることに重点を置いた。この合作社は部屋に次のことばを書いたポスターを張り出したという。

「私達は賃金労働者ではない」
「驚異は成長の母なり」
「共同事業の利得を万人に知らしめる」
「民主主義は権利と義務がつきものである」

そしてまた次の点を率直に反省しながら、忍耐と努力で事業に取り組んでいる。

「①各部の技術が一般より甚だ低い。

②合作社的規律と組織に訓練が未熟である。
③合作社的経営技術は未熟である。
④合作社精神に貫かれた同志が少ない。」

右が正社員三九名、准社員三五名、資本金一〇万円になった一九四八年一二月のこの合作社の自己評価である。

（以上の四社は前掲『生産合作社の理論と実際』からの要約紹介である。）

## 3　結末

日本生産合作社協会が目指した目標の一つに、生産合作社の法制化があった。生産協同組合は労働者が自ら組合員なり自ら経営者となり、剰余金があれば労働者組合員に配分する直接民主主義のシステムをとる点で、雇用労働を用いる他の流通や金融の協同組合を超える、より徹底した協同組合の法制度が必要であったからである。

「生産合作社は確かに協同組合のうちのひとつであるが、今までに用いられている協同組合の概念とは相当の相違がある。即ちこれは資本主義経済を補うものとしてではなく、その罪悪を排除する勤労者の新しい民主的産業形体としてとられねばならない。したがっていわゆる協同組合と生産合作社の基本的な基礎が異なっている。政府には商工協同組合の中の小組合法という形で、全くオザナリに当面を糊塗せんとする意向もあるということだが、これは真向から反対する。生産合作社は全く新しい見地から単行法として立法すべきである」（日本生産合作社協会『合作社通信』第二〇号　一九四七年四月一日）。にもかかわらず、一九四七年二月一日の二・一ストにたいするＧＨＱの禁止命令の影響かどうかはわからないが、片山内閣は同年六月一〇日の閣議において、生産協同組合を労働者の協同組合とすることを避け、中小企業の共同施設とすることを決定した。

「勤労者で組織する生産組合の形態を制度化して、その助長に努めると共に、協同組合の組織を、真に中小企業の共同施設を中心とするものに改める」（「緊急経済対策」一九四七年六月一日、閣議決定）。

この閣議決定は生産合作社が自由な民衆団体として理念をもち運動することを否定し、一個の同業組合としての便宜を得る集まりに押し止めるものであった。その結果、生産協同組合の独自法の制定を求める生産合作社協会の主張は無視され、後日、「企業組合」として、中小企業協同組合法の一部に編入されることになった。

立法とは別に、生産合作社を名乗った三〇〇余の日本で最初の公然とした生産協同組合は、戦後の猛烈なインフレーションによって、資金不足に見舞われ、一九四八年には経営が悪化し、倒産するものが続出した。基盤を失った日本生産合作社協会は自然消滅して行った。

## 3　中国の生産合作社運動

### 1　三民主義政府の合作社政策

中国に欧米流の合作社（協同組合）の新思想が入ったのは一九二〇年代の初期である。後半期に上海などの中心都市で信用合作社が設立されたが、資本主義経済がまだ成熟していない当時の中国社会では、商工業の合作社や大衆的消費合作社はまだ登場していなかった。しかし二〇年代の後半から三〇年代にかけて、中国の政治情勢は激変過程にあった。

二〇年代、孫文の三民主義政府にとって、地主階級と軍閥の支配下にある封建的中国の民主革命と外国資本による半植民地状況からの解放が、政治の中心的課題であった。

たとえば、基幹産業である石炭、鉄の生産額の七〇～八〇％は外国資本の支配下にある状況では、労働者の外国資本にたいする工場ストライキは、民族資本の工場には打撃がすくないので、国民政府は労働者の政治闘争への参加を歓迎し、ゼネストや生産管理を容認した。そして労働組合を強化し合法化するために、一九二九年、工会法（労働組合法）を制定した。その第一五条には、工会の職務として、「生産、消費、購買、信用、住宅等各種協同組合の組織」、「職業教育およびその他の労働者教育の開設」を定めた(注4)。しかし、労働者生産合作社を設立するまでにはいたらなかった。

二〇年代後半、国民党のなかでの共産勢力が強くなり、一九二六年大会では「連ソ容共」政策が採択された。それ以来、容共左派グループは広東、上海に勢力を拡大し、右派の蔣介石グループに対して、指導権を賭けた内部闘争を推進した。国民政府は一九二六年一一月に武漢に移転し、いわゆる武漢政府の時代に入った。この時代、上海などの大都市では労働者のヘゲモニーのもとに反帝民主革命が始まり、工場では労働者の工場委員会による生産管理が行われた。一九二七〜二八年、上海で労働者の政治ストとともに、市民臨時革命委員会による最初のプロレタリヤ政権が打ち建てられた。また江西、湖南、江蘇、広東の四省で、労農兵の構成するソヴェト政権が登場した。かくて中国の内戦時代の幕があけた。

他方、一九二〇年代、干害に苦しむ農村では、従来の大家族制度によっては苦境を脱することができないので、郷村の共同体による農村合作社が作られ始めた。一九二七年、河北省で五〇〇余の合作社が組織されたのを契機に、合作社熱はたちまち全土にひろがった。これらの農村合作社は小農が肥料などを購入するため、外部から融資を受けることを目的としていたが、そのほかに綿花などの輸送と販売の事業に発展するものもあった。江蘇省が一九二八年に合作社条例を制定して、この農村合作社に法人格をあたえ、山東省、江西、河北、湖南省などがこれに続いた。国民政府は一九三四年に合作社法を制定した。

注4　鈴江言一『中国革命の階級対立　二』（平凡社・東洋文庫、昭和五〇年）

## 2　抗日戦争下の工業生産合作社

一九二〇年代から三〇年代にかけての中国の合作社運動を理解するには、その背景にある反帝国主義・民主革命を主題とする、国民党と共産党の国内革命闘争と抗日戦争の関連を知る必要がある。二〇年代後期、都市に出現してきた労働者の工場管理とソヴェト政権を、国民党の蒋介石は危惧した。一九三〇年に討共戦争を開始し、長沙攻防戦の末に、都市の支配を国民政府の手に奪還した。共産党は革命拠点を都市から農村に転換し、一九三四年一〇月、拠点を延安に移すため、一万二〇〇〇キロの「長征」（西遷）を開始した。その移動過程で共産党内における毛沢東の指導権が確立したことは周知のところである。

他方、日本軍は一九三一年の満州事変、一九三七年の盧溝橋事件を通じて、中国へ侵攻を拡大した。一九三五年、共産党が「抗日救国宣言」を発表し、三六年の西安事変を経て、三七年、国共会談によって、抗日統一戦線が形成された。そしてこの抗日戦争のなかで、中国の工業生産合作社が生まれることになる。

中国工業生産合作社の生みの親はレウィ・アレイ（Rewi Alley、一八九七〜一九八七）である。かれはニュージランドに生まれた。キリスト教系の学校で学び、第一次大戦にはフランス義勇軍に参加した。戦後、帰国して友人と農場経営を六年間行ったが、一九二七年、中国に渡り、上海で消防士や工場管理者として働いた。仕事をつうじて中国の労働者の劣悪な社会事情を知った。三〇年代、内陸部で国際女性救済運動や災害救助運動に携わるうちに、中国在住の外国進歩的知識人グループのなかに、エドガー・スノーやニム・ウェールズなどの知人をもつようになった。

一九三七年、かれは国民党支配地域と共産党支配地域を往来して抗日運動に参加した。彼が上海などの工業地帯で見たものは、破壊された工場と戦災失業労働者の大群であった。かれは上海商業銀行頭取、徐新六の支援を受け、一九三八年八月、山西省宝鶏で、貧しい鍛冶屋たちに道具と鉄を資本として拠出させて、工業合作社を創った。これが中国生産合作社の始まりである。(注5) 一九四〇年の初頭には、生産合作社は一六〇〇社になった。一社平均社員数は一五人ないし三〇名であった。業種は紡績、織物が全体の四五％を占め、他に皮製品、金属器具、鉱業、化学、食品、印刷、製紙にわたっている。彼は発行した『工合（グンホー）ニュース』において、合作社の理念をこう述べている。

「人々が事業を協同でやる場合には、それは人々をしてより密接に協同させる助けとなるし、よりお互いに理解しあうものである。『私達は貴方の毛布を買いましょう。貴方は私達の靴下、ガラス、紙、瀬戸物類を買って下さい。私達はそれらの生産品を私達の合作社でつくり、貴方もやはり貴方の合作社でつくっている。そして、単位合作社が連合会をつくり、連合会はお互に連絡をとるのです』。かくして、地方の工業は強力な基礎に立ちうる。

農村のために計画せる多くの工業は独力では立ち得ぬものであろうが、農民は、そんな工業合作社で働くことが出来、一部分を自分の労作で、その残部を工業生産で働く。彼等は、もっと機械を必要としている。農夫の中には、沢山の家族をもっている者がいるが、その家の息子達は行きどころがないのである。彼等は工業に入って行くことができ、自分の村にとどまっていることが出来る。私達は、農村や草原を開発して行きたい。そこでの工業生産は利が見えている。その利益で、学校、病院その他の改良をすることが出来る。ところで私達が、農業、畜産業、工業の統合について話す場合、原子爆弾を逃れて地方へ移動する重工業は論外のことである。ただ、農村の人々がそれを組織することで、もっと平等なるベースで都市と競争できるほど充分に近代化せる軽工業について話しているのである。あるところで私達は、どんな農村社会にも効果的に成就しうる小規模な工業計画をテストしてみた。私達は、そんな工業を成しうるように民衆を訓練せんとし、中国奥地のより貧困な地方に生気を取りもどさんとしている」（前掲『合作社通信』第三四号、一九四七年一〇月一五日）。

注5　当時の支那工業合作社の定款においては、原則を以下のように規定している。「合作社原則とは即ち、資格ある凡ゆる労働者は本事業の経済条件の許す極限数まで組合員たることを得、且つ一組合員は一票の投票権を有し、株式資本の利子は制限し、純益は配当金として賃金に基き分配する。」また事業として「①組合員の生産及び販売を援助する。②集団的労働契約の計画及び実行を可能ならしむる組織を設くる。③旅客及び貨物の運送を請負う。④原料、機械、器具を供給し、且つそれに必要なる土地及び建築物を獲得すること。⑤以上の諸目的遂行に必要なる資金を調達すること。⑥共通の利益促進のため、他の合作社と連絡すること」と規定している。組合員の資格は二〇歳以上（条件つきで一八歳以上）の健全で合作社の仕事で自活できる成人としている。合作社は有限責任制である。

レウィ・アレイはかれの設立した合作社が二〇〇〇社を超えたのを機会に、協同組合学校を創立し、若い活動家の養成のために、アメリカ人の牧師で教育者のジョセフ・ベイリ（Joseph Bailie）を招請し、また英国人ジョージ・ホッグを教師に任命した。

合作社を熱心に支持したのは、財閥の孔祥熙、宋子文（宋美齢の兄で国民党政府の要人）、徐新六、宋美齢らであり、活動家には芦広綿、劉大鈞、林福裕らがいた。アメリカにも中国合作社援助委員会が一九四〇年に設立され、会長H・E・ヤーネル（元極東艦隊司令長官）のほか、オーエン・ラティモア、エドガー・スノー、ニム・ウェールズなどの知識人が資金を集めて応援した。『漢の娘』の著者、アイダ・プルーイットは解放前の中国で、女性の纏足《てんそく》の習慣に驚き、啓蒙教育に努力した後、重慶でレウィ・アレイの合作社活動に感銘し、帰国後、援助委員会に加わった。

## 3　毛沢東の生産合作社の矛盾

第二次大戦が終結して、一九四九年一〇月、新民主主義に基づく、中華人民共和国が成立した。新中国の生産合作社については本章の趣旨から言うと余談となるが、簡単に評価を述べておこう。

一九五〇年に朝鮮戦争が勃発して、停戦したのは五三年である。停戦後、毛沢東は性急にも「社会主義への過渡期」を提唱し、第一次五カ年計画（一九五三～五七年）を発表した。社会主義にもいろいろなタイプがありうるが、毛沢東が提示した最初の社会主義は、土地はじめ生産手段の集団的所有と全人民的所有制を採用した。前者の場合、一部の自留地を保留し、後者の場合、全人民有制を唱えているが、私的所有を強権的に排除したことに代わりがなく、事実上、土地、生産手段の国有制を基礎としたソ連型社会主義を採用することを明言したものであった。

土地改革によって創出された家族制度の強い小農を基盤とした中国農業社会と都市の民族資本家階級の存在を想定した「新民主主義論」(一九四〇)からすれば、一九五三年の第一次五カ年計画での毛沢東によるソ連型社会主義の性急な採用は、いささか奇異な感がある。しかし、かれは抗日戦争中にすでに、社会主義の本質はプロレタリア独裁にあると教条主義的に考えていたふしがある。「社会主義社会における労働者階級と農民階級の矛盾は、農業の集団化と機械化の方法によって解決される」(『矛盾論』一九三七年八月)。こうした単純な論理によって、戦時下でレウィ・アレイら進歩的自由主義者が指導した自由主義的生産合作社の遺産をあえて無視したのではなかろうか。あるいは、第二次大戦後の東西対立を見越して、ソ連との連帯のために、国内経済制度にもソ連型の集団化政策を採用したのであろうか。

ソ連型社会主義を選択した結果、私営商工業は公私共同経営企業ないし国営企業に改編され、零細手工業は供給販売合作社と手工業生産合作社に組織され、その大半はまもなく集団所有制企業に移行させられた。農業においては、農業の互助組、初級合作社(三〇戸規模)によって労働の共同化を進め、高級合作社(二〇〇戸規模)では土地、生産手段の公有化を実施した。これらの措置は、ほとんど強制的に進められたもので、自発的で民主的な工業・農業の生産協同化とは異質のものであった。

そして、毛沢東は中国社会主義の第二次計画として、一九五八年、重工業の自立的強化政策へ移行するために、大躍進政策を採り、農業の集団化と人民公社の創出を進めた。その時、再度、ソ連型社会主義の道を採ることを確認している（「人民内部の矛盾を正しく処理する問題について」の結語、一九五七年二月）。

それはともかく、毛沢東の性急な大躍進政策の推進は人民のなかに、飢饉と混乱を作り出した。毛沢東は党内で彭徳懐、張聞天ら古参幹部から批判を受けて失脚した。しかし一九五九年、毛沢東は反右派闘争を開始した。そして六〇年代後半の「文化大革命」による実権派追放が始まった。

考えてみれば、ソ連型社会主義は、所詮、共産党主導の官僚・国家資本主義にほかならないから、その統制経済は、官僚の保身による情報秘匿と偽装、不正、腐敗、非効率な企業経営、権力支配を生み出すことになる。社会主義による体制のゆがみを作り出した原因は、毛沢東自身の路線選択にあったと言わざるをえない。文化大革命における実権派との凄惨な闘争は、毛沢東の自己矛盾にほかならない。

# 第三章

# GHQの対日労働政策と日本の生産管理闘争の結果

## 1　GHQ労働課長の苦悩

連合国軍最高司令官（GHQまたはSCAP）マッカーサーによる日本統治は、一九四五年八月から一九五一年四月の彼の解任まで、五年八カ月にわたった。その間、GHQ経済科学局に派遣されてきた労働課長は五人を数える――初代ウイリアム・カルピンスキー、二代セオドア・コーエン、三代ジェイムズ・キレン、四代チェスター・ヘプラー、五代ロバート・エイミス――。五年間に五人の交代は異常である。彼等はアメリカのニュー・ディール派に属する文官たちであった。その背景に何があったのか。かれらの背後にあるニュー・ディール政策について、本国の政治事情を観察する必要がある。

民主党フランクリン・D・ルーズヴェルトがアメリカ大統領（一九三三〜四五）に就任した当初、アメリカは大恐慌の最中にあった。かれの課題は、不況にあえぐアメリカ経済を救済し復興させることであった。そのためには、自由主義的市場経済の構造的な行き詰まりを打開する戦略が必要であり、その政策とは、社会的弱者の所得を引き上げ、新しい有効需要を創出することであった。そして、そのためには、市場経済を補正する国家の政策介入が必要であった。かれが導入した改革は、アメリカ通貨の金本位制の廃止、銀行の国家管理、救済を要する個人と企業への政府の信用貸し付け、農民救済、全国産業復興法の制定と失業者救済のための公共土木事業、組織労働者のための団体交渉権の確認など、骨太の革新的政策からなっていた。そして注目すべきは、全国産業復興法によって、「国家非常事態が存在すること」を宣言し、「政府の適当な認可と監督の下で、労働と経営との一体的活動を導入維持する」ため、「被傭者は団結権、及び自ら選出した代表者による団体交渉の権利を有し、代表者の選任又は自己の組織化、その他団体交渉あるいは相互扶助乃至保護の目的の為にする協同行為に際して、雇主又はその代理人の干渉、抑制又は強制より自由でなければならない」（第七条）としたことである。(注1)

このような自由と統制の二正面作戦からなるニュー・ディール政策は、社会と経済に矛盾を引き起こさざるをえない。その核心的問題は、一方で産業の組織化による大資本の寡占化傾向を促進したことである。また他方では、失業を軽減するため、労働組合の団体交渉権を強化しようとしたことである。

とくに後者の問題にたいしては、産業の伝統的な自由を主張する資本家陣営が、デュポン財閥などを中心として「自由連盟」を結成して、強く反対した。これに保守系議員が与したので、ニュー・ディール政策は強い反対勢力に立ち向かわざるをえなくなった。実際、反対派の運動によって、労働者にたいする団体交渉権の付与は、最高裁判所によって違憲判決を受けた。それにたいして議会のほうも負けてはいない。全国労働関係法（一九三五）を制定して、むしろ使用者側の不当労働行為にたいする禁止命令を強化した。また失業保険、老齢者扶養保険を中心とする社会保障制度の実施を決めて、労働者保護の立場を鮮明にした。

こうした思想闘争の背景があって、ニュー・ディール派と言われる文官たちが、日本に派遣されてきた。たとえば、コーエンは一九一八年ニューヨークに生まれ、コロンビア大学で日本の労働運動を研究し、来日前、ワシントンの戦略局などで対日労働政策の立案に携わっていた。かれはアメリカ社会の近代労働関係を基準にして、日本の労使関係を近代化しようとした。第三代目労働課長ジェイムズ・キレンは、アメリカの紙・パルプ・亜硫酸塩労組に属し、若くして労働総同盟（ＡＦＬ）の副委員長になった。当時、日本の官僚機構改革のためにワシントンからフーバー使節団がＳＣＡＰに派遣されてきた。使節団は日本の官僚機構の根本的改革ではなく、日本の公務員の団体交渉権、スト・政治活動を禁止し、また違反者にたいする厳しい罰則を提案した。キレン労働課長は労働専門家として、労働者としての公務員の労働基本権に属する団体交渉権とストライキ権は切り離せないとの立場をとり、これを公務員から取り上げるフーバー提案に反対の立場をとった。キレンとフーバーの全面対決は避けられなかった。一九四八年七月、マッカーサーの前で両者は六時間におよぶ論争をしたと言う。その結果、ＳＣＡＰで力のあった民生局ホイットニー准将がフーバー支持にまわり、マッカーサーも最終的にこれに同調したため、キレンは孤立した。彼は辞表を出して、日本を去った。ＳＣＡＰによる公務員の団体交渉権の否定には、当時、米国と他の連合国で構成する「連合国極東委員会」（ＦＦＣ）で、オーストラリアなどの英連邦やソ連などが強く反対して、アメリカと対立した。しかしアメリカは公務員労働者の権利の否定を強行した。ＳＣＡＰは日本民主化の有力な一翼として、労働組合の強化を支援してきたのであるが、四六年の二・一ゼネストに結集した日本の労働運動の左傾化を目のあたりにして、驚きと警戒感を隠すことができなかった。

キレンが抗議辞任したあと、後任の労働課長の仕事の重点は、労働組合にたいして経営側との協調による経済復興への協力を説得することになった。第四代課長エイミス時代には、その傾向が一層鮮明になった。エイミスは、労組側にたいして、資本家側と労働協約を締結し、団体交渉をビジネスとして取り扱うことを要請し、また政治活動と経済条件の改善要求とを混同することを禁じた。電産労組にたいしては、アメリカの産業別組合（ＣＩＯ）の例にならって、自己の手で共産党員を排除することを勧めた。一九五〇年二月、エイミスは労組代表と会見し、一九五一年のゼネストにさいしてＳＣＡＰが発したスト禁止命令は、依然として有効であることを伝えた。さらに四月には日経連、総同盟、産別のそれぞれ代表と中労委、労働省労政局長を招き、「労使協議会」の設立を提唱し、ストよりも産業経済の復興を優先すべきことを提案した。

この時期のSCAPの労働政策の右傾化は、SCAPの裏切りのようにみえるが、先に見たように、これもニュー・ディールの半面なのである。対日政策の転換点は、一九五〇年六月の朝鮮戦争の勃発によって決定的になった。しかし、SCAPの背後では、五三年にアイゼンハワー大統領が出現した頃から、アメリカ本国での保守化が一段と進んでいた。そしてワシントンからの指令によって、日本占領政策は当初の民主的改革から資本主義による経済復興優先へと、保守的転換が早まった。

SCAPの労働政策は、日本の労働運動にたいして、二つの面で重大な影響を残した。日本占領統治の前期においては、労働者の権利の基礎的整備を行い、後期においては労使協調型の企業別労働組合の組織化を促進したことがそれである。

注1　アメリカ学会訳編『原典アメリカ史』第5巻（岩波書店）による。

## 2　生産協同組合にたいするGHQの姿勢

SCAPは占領下の日本の労働組合と協同組合の振興に関心を持ち、日本政府による戦後立法に介入した。それは、占領政策の基本目的が、アメリカやその他の国の安全に脅威とならないように日本を造り変えることであって、「民主主義的基礎の上に組織された労働、産業及び農業における組織の発展を奨励支持」することを重要視したからである。マッカーサーが日本政府に手渡した憲法草案では、「すべての国民は勤労の権利を有する」と述べていたので、労働する者が自主的に生産協同組合を組織することは奨励されるべきことであった。

その観点からすると、ＳＣＡＰは日本の生産協同組合の発展に関心を持っても良さそうであるが、事実はその逆であった。農協法の制定にあたって、ＧＨＱ天然資源局が示した態度が、それを物語っている。

かれらは、農業における生産協同組合を認めることは、農地の集団所有を是認する結果になることを恐れた。生産の協同組合化は、農地改革によって創設した個人主義的自作農の体制を否定し、ソ連の影響力を強めると考えたからだという説がある。また、ＧＨＱのなかで、工業と労働政策を担当したのは経済科学局、農業は天然資源局で、担当部局の縄張り意識のため、セクションの間の連携が良くなかったことも一因である。生産協同組合は二つの局のエアポケットにあったのである。

労働者生産協同組合は、アメリカ本国ではマサチューセッツ州ほかいくつかの州法で制度化されている。私は一九七五年ころ、マサチューセッツ州立大学ウースター・キャンパスの近在で、森林のなかに設けられた製材ワーカーズ・コープを見学したことがある。労働者一〇人ほどが働いている小規模な製材所であった。木材繊維を開発している教授は、「かれらに木材繊維の生産を勧めているが、労働者は進取の気性が乏しく、少し収入がよくなると働かない」と嘆いていた。

アメリカにはワーカーズ・コープがないわけではない。ニーディール政策が導入された頃の状況は次のようになっていた。一九三三年の労働統計局調査の結果によれば、工業における生産協同組合は全米で僅か一八事業体に過ぎなかった。業種で見ると、砂利採取四、たばこ工場三、クリーニング二、靴製造二、炭鉱、製缶、エナメル工場、縫製、魚缶詰、食品工場、ベニア板、その他各一で、労働集約的な小規模産業がほとんどである。この事実は、工業においては企業の機械化が進み、生産協同組合は手工業部門でしか存在できないことを示している。生産協同組合には完全共同経営型と部分協業型とがあるが、アメリカ農村では部分協業型の農業生産協同組合が多く見られた。これは小規模農家が個人では持つことのできない大型機械を、綿の栽培などで共同利用するためのものである。その数は全米で一万九〇〇を数えた。(注2)

アメリカで生産協同組合の発達がおくれたのは、アメリカは移民社会であって、個人主義が基本であること、また移動社会であって定住性が低いためであると思われる。労働者生産協同組合の組織化には、定住の社会基盤が必要なのである。対日占領政策に生産協同組合への関心が欠落していたのは、日本の定住社会への理解が少なかったためであろう。ＳＣＡＰは、日本の労働者たちの生産管理闘争にたいして無策を露呈し、その鎮圧のためにマッカーサーの強権と警察的手段を用いざるをえなかった。アメリカ工業における労働者生産協同組合を理解するには、次節でのべるシドニー・ヒルマンの合同衣服労組の運動を含めたアメリカ労働運動の歴史的特徴を見ておく必要がある。

注2　Sera Eldridge and Associates ; Development of Collective Enterprise (University of Kansas Press, 1943)

## 3　アメリカの労働者の運動と組織

### 1　一八二〇～三〇年代

アメリカで労働運動が始まるのは南北戦争（一八六一～六五）以後である。それ以前の一八二〇、三〇年代にニューヨーク、フィラデルフィア、シカゴなどの大都市で、農村から都市に移住した労働者の生活不満を組織する運動があった。その運動は中産階級や上層階級によって指導されたものであって、労働組合を組織するというよりは、「労働者政党」と結びついて、市政にたいして要求運動を起こす圧力団体的性格のものであった。

## 2 「労働騎士団」

賃労働者の解放をテーマとした大衆団体が最初に創立されたのは、一八六九年一二月である。フィラデルフィアの仕立工、ウリア・S・スティーブンスが主唱して他の八人と「労働騎士団」（The Noble and Holy Order of the Knights of Labor）を創立した。スティーブンスはフリーメーソンの一員であったといわれ、またマルクスに学んだともいわれる。かれが最初に創った組織はフリーメーソン流の秘密結社的な労働団体であった。

その後、かれの後継者たちは、「労働騎士団」を公開組織にすることを決め、一八七八年、結社の秘儀の代わりに相互扶助による秩序を原理とする組織に改めた。その目標は協同組合共和国であって、熟練・不熟練労働者、白人・黒人、男・女の差別のない全国単一組合を試みた。そして消費組合や生産組合による自治工場の形成を提唱した。実際、生産者協同組合は少なくとも一三五あったという。「労働騎士団」は協同組合の標語である「一人は万人のために、万人は一人のために」と同趣旨の「一人への権利侵害にも万人が関心を持つ」“an injury to one is the concern of all.”を信条としていた。

一八八一年以降、「労働騎士団」は、アメリカにおける産業革命の進行につれて増加する女性、黒人労働者を奴隷的労働から解放する運動に着手した。騎士団は鉄道ストライキや仕事のボイコット運動を組織した。しかし団の消費組合と生産協同組合は発展しなかった。その理由は、協同組合は団の理念と運動に従属する手段と位置付けされ、割引販売を強要されたので、経営を持続できなかったからである。

一八八六年五月一日、アメリカ各地で八時間労働制を獲得する一斉ストライキが行われた。これが「メーデー」の起源であることは周知のところである。このとき、「労働騎士団」のシカゴの労働者たちは、ハイマーケット・スクウェアで暴動を企画し、首謀者たちは逮捕された。当時、「労働騎士団」傘下の労働者は七〇万人にのぼったと言われるが、暴動以後、労働界における影響は急速に衰退した。一八九〇年代には、参加者は一〇万人になり、一九〇〇年、団は消滅した。それにともなって、傘下の消費組合と生産協同組合も消滅した。

「労働騎士団」の運動の流れのなかで、一八九四年、アメリカの土着の大衆運動に基礎を置くアメリカ社会党（社会民主党）が生まれた。この初期社会党の綱領は、労働組合と政治活動を結合し、生産手段と消費手段を「人民の集団所有制」に移すことを主張していた。この党は、結局、一九〇〇年から一〇年の間に消滅した。その結果、アメリカでは底辺労働者のストライキなどの急進的な労働運動の土壌があるが、建設的な政策綱領をもった社会主義政党が育たないという伝統をつくり出した。

### 3　アメリカ労働総同盟（AFL）

産業革命は技能をもつ労働者を作り出す。塗装工、電気工などの職種では、白人技能労働者層が生まれてきた。かれらは、「労働騎士団」の社会主義的政治イデオロギーに偏った労働運動に反対であった。一八八一年、これらの熟練工グループは、工場地帯のピッツバーグにおいて、職能別に自治権を持つ交渉団体を組織した。やがて彼等はサミュエル・ゴンパーズ（葉巻工出身、一八五〇～一九二四）を指導者として、労働者の経済的地位の改善要求を重点とし、労働者教育の機関としての役割をもつビジネス・ユニオン（職業組合）を、一八八六年に創立した。これがアメリカ総同盟（AFL、American Federation of Labor）である。

AFLは電気工、塗装工などの単一職能組合の連合体である。それぞれの職能組合は分権による自治制をとり、会社との交渉は各支部の自主制に任される。労働者は個人としてローカル支部に加入する。

日本の明治期労働組合の創始者である高野房太郎（一八六八～一九〇四）は一八八六年に

渡米し、労働組合作りの資料蒐集のため「労働騎士団」の機関紙の定期購読者となったが、やがて「騎士団」に取って代わった労働総同盟の会長、コンパーズから助言を受け、日本では鉄工組合などの職能別労働組合を組織した。それ以来、第二次大戦前の日本の労働組合は、主として職能別の形態をとっていた。

いま一つ付言すべきことは、高野房太郎が労働組合の補助的経済機能として、日用雑貨（草履、ちり紙、足袋、衣類など）の販売を行う共働店（ロッチデール型消費組合）を、鉄工組合のなかに開設したことである。そして彼は一時期、自らその専従者にもなった。労働運動と協同組合は切り離すことのできない関係のあることが理解されていたのである。

話をもとにもどすと、ＡＦＬは社会主義を嫌い、政治的に反左翼的立場をとった。熟練労働者の立場からの経済要求を主要な運動テーマとして、組合員の賃上げ、労働時間の短縮、児童労働の禁止、職場の安全、加盟労働組合の反トラスト法からの除外などの調査啓蒙活動と立法促進活動を推進した。ＡＦＬはアメリカの労働組合運動の主流となった。

## 4　世界産業労働者同盟（IWW、Industrial Workers of the World）

一九〇五年、ＡＦＬの熟練工組織から排除される黒人、移民、女性、若年者などの不熟練労働者を救うため、社会主義者、無政府主義者、職能別組合の急進分子ら二〇〇人がシカゴに集まり、世界産業労働者同盟を結成した。この運動の創始者はビッグ・ビル・ヘイウードやダニエル・デ・レオンらで、炭鉱、金属、鉄道、新聞などの底辺労働者を、性別、人種、熟練度によって区別することなく、「一つの大きい労働組合」に組織することを決めた。この同盟はアメリカ三四州に拡大した。本部をシンシナティに置き、組織を世界の諸国に広げる世界産業労働者組合ＩＷＷ（あだ名はウォブリーズ、Wobblies）と称した。

一九〇五年一月、ＩＷＷはそのマニフェストでＡＦＬを強く攻撃し、労働者を賃労働から解放するには、資本にたいする労働者の地域、全国、国際的広がりの直接闘争による全産業の生産管理が必要であるとした。

そして、そのためには組合員は議会主義的政党に加入するのではなく、平等の投票権を持つ権力を、労働集団の職場において打ち立てなければならないと考えた。そのため、労働者の階級連帯を重視し、働く者は他の労組に属していても加盟でき、また一人の職場でも、ワーカーズ・コレクティブ、ワーカーズ・コープのメンバーでも加盟できる組織を構想した。そして、加盟労働者は、ＩＷＷが発行するカードを持って、地域、全国、世界のどの職場にも移動できるとした。ＩＷＷは「労働騎士団」の信条“an injury to one is the concern of all”を引き継いだ。彼等は地球資源は全人類の共有財産であるとの立場をとり、「人々は地上の宝物を、少数者だけのためにではなく、すべての人の生活をよりよくするために協同して利用すべきだ」とした。

その背景には、マリー・ハリス・ジョーズ（マザー・ジョーズともいわれる）（一八三〇～一九三〇）の思想があった。IWWには、マザー・ジョーズのように、「労働騎士団」からIWW時代を通じて、自活のために働きながら現場労働者とその妻や子供たちを組織した女性活動家たちがいた。

IWWはその革命的サンディカリズムのラディカルなイデオロギーのゆえに、小数派にとどまった。

創設時の加盟労働者数は全米組織労働者数の五％に過ぎなかったし、その後も伸びなかった。最盛期（一九二三年）でも世界で一〇万人にとどまった。しかし、IWWは一九一三～一四年、コロラド州の炭鉱労働者の大ストライキをはじめとして、サンフランシスコなどで、アメリカの各地の底辺労働者――黒人、移民、女性、退役兵士、その他の不熟練労働者――を組織し、失業と待遇改善のためのストライキやピケライン、街頭デモなど、資本企業にたいする果敢な大衆闘争を行った。またワシントンやその他の都市で、婦人参政権の要求デモを行った。さらに資本主義が引き起こす戦争にたいして、労働者階級の立場から反戦平和の運動の先頭に立った。そして各地でいくつもの大衆闘争に勝利した。高名な女性社会主義者たちがその運動を応援した。三重苦を克服してなお優れた社会洞察力を持った有名人、ヘレン・ケラーは、国家権力がＩＷＷの指導者、ビル・ヘイウード（一八六九～一九二八）を追放しようとするのに強く抗議した。

しかし、一九一七年九月、アメリカ司法省はＩＷＷの集会所を襲い、多数のリーダーを徴兵妨害、脱走示唆、労働争議に関連した脅迫の共同謀議のかどで逮捕した。これ以来、ＩＷＷはアメリカでは衰退した。

しかし、アメリカ以外ではＩＷＷの思想は世界に影響を及ぼした。そのアナルコ――サンジカリズムの思想は、一九二〇年代に日本に輸入されて、労働運動と左翼革命運動に論争を引き起こしたことは既述のところである。また、一九三七年のスペイン革命戦線でのサンジカリストの活動を組織した。

## 5　合同衣服労働組合（ACWA、Amalgamated Clothing Workers of America）

一九一〇年代になっても、ＡＦＬは依然として、小規模な職能組合が多数分立する古い構造をとり続けていた。老朽化した組織と官僚化した組合指導者では、近代的大工場の出現に対して指導力を発揮できなくなってきた。他方、ＩＷＷの観念的な労働運動では、産業労働者の安定就労と労働条件を着実に改善することができなかった。この両者の運動を批判して、第三の道を求めたのは、シカゴを拠点とする衣服職能工たち（四万五〇〇〇人）である。

シドニー・ヒルマン（一八八七～一九四六、東欧からのユダヤ系移民）は、衣服製造の近代大工場の裁断工出身で、やがて労組指導者（労組の常勤ビジネス・エージェント）となった。かれは、イタリヤの労働運動に範をとり、労働の社会的使命の観点からの運動の組織化を目ざした。そして、衣服工場で十三に分断（裁断工、仕立工、コート工、ズボン工など）されている職能集団を・衣服産業として緩やかな結合をもつ組織に改革し、一九一四年に合同衣服労組を創った。第一次大戦後に急成長してきた大企業に、労働者階級が対抗するには、旧来の古色蒼然たる職能別組合と職能小規模組合に根深くある分散的割拠主義を脱却する必要があったからである。これがアメリカで最初の「産業別労組」である。

この合同労組は、全米機関士友愛労組と提携して、一九二三年、シカゴとニューヨークに職域クレジット・ユニオン（労働金庫）を設立した。そして消費組合と連携する衣服製造の協同組合工場を設立して、衣服生産労働者の就業の場を創出した。

ＡＣＷＡは三〇年代のニューディール時代にＣＩＯのなかで活躍した。

## 6　産業別労働組合会議（CIO、Congress of Industrial Organization）

一九二〇年代末から始まった大恐慌の後、自動車産業、鉄道、ゴム工業、精肉業に代表されるように、機械化と大量生産方式に移行した産業では、職人的な熟練技能工が不必要になり、流れ作業の一つを受け持つ単能工や不熟練労働者が増加していった。そして経営者はこれらの不熟練労働者を、いつでも取り替えることができるので、労働者は業界の好不況によって雇用が左右される不安定な身分で働いていた。

一九三〇年代になると、ニューディール政策によって、労働組合の全般的な団体交渉権が保護されたので、職能別労働組合に交渉権の基礎を置くＡＦＬのほかに、単能工や不熟練労働者を産業別に組織する産業別労働組合が必要になった。ＡＦＬと産業別労組との確執は省略するとして、ジョン・Ｌ・ルイス（合同炭鉱労組代表）が指導する産業別組合は、一九三七年、ジェネラル・モーターズでのストライキに成功し、また電機、鉄鋼の労組などの加盟もあって、一九三八年、産業別労働組合会議ＣＩＯを結成した。そして四〇〇万人の加盟を得て、ＡＦＬに拮抗する勢力になった。

一九四〇、ＡＦＬとＣＩＯは第二次大戦への参戦を契機として対立を解き、一九五五年に合同して、アメリカ労働組合総同盟産業別会議（ＡＦＬ―ＣＩＯ）となった。蛇足ながら、ＧＨＱの対日占領支配の前半期には、ニューディール体制の夢が続き、ＡＦＬの運動経験が対日労働政策に反映していた。ＳＣＡＰが生産協同組合に無関心であり、警戒さえしていたのは、以上の歴史的経過によるものであろう。

# 4　戦後の生産管理闘争が残したもの——企業別労働組合

## 1　生産管理闘争

敗戦後、一九四五年一〇月頃から労働組合の争議手段として、自然発生的に生産管理の闘争が起きてきた。生産管理というのは、賃金支払いが遅延する経営不安な企業で、労働組合が労働争議の一つの手段として、生産を管理する戦術のことである。

労働者の生産管理は、階級的意義から言うと、二つの形態に分けられる。

一つは、企業の所有権と業務管理権が資本家の手中にあって、労働組合が経営を監視し帳簿の透明性を確保する場合である。これは労働者が企業活動をコントロールのもとに置くので、「労働者統制」と呼ばれる。

他の一つは、労働者が企業の経営者に代わって生産管理にあたるもので、「労働者管理」と呼ばれる。（注3）

この生産管理闘争は、労働者が戦争で失われた生活の再建を優先せざるを得ない事情によって採った戦術である。その戦術は、日本の労働者が働き好きの習性をもつために、争議手段としてはストライキよりも組合員に支持された。かくて生産管理は、一九四五年一〇月の読売新聞争議を始めとして、京成電鉄、三井三池炭鉱美唄、日本鋼管鶴見製鐵、日立精機足立、関東配電、沖電気、東京光学、東宝、東芝車両などに伝播し、四六年三月には日本の基幹産業五三工場に波及するに至った（表3―1）

日本の戦後労働運動における画期的な生産管理闘争は、「労働者統制」というよりは、敗戦直後の特殊状況下の「労働者管理」に近いものであった。生産施設は戦火で破壊されていたし、戦後インフレで資産価値は暴落してしまった。資本家は戦争責任を追及された結果、虚脱状態にあって、経営者の権威は地に堕ちてしまった。他方、労働者階級と革新勢力は、ＳＣＡＰの日本民主化政策によって応援を受け、資本家階級と対等の立場に立つ権利を保障された。労働争議には過去のように国家権力は直接介入できなくなった。こうして、敗戦直後の数年間、日本の支配体制に空白が生じ、労使の力関係は逆転した。

その最初の事件は一九四五年一〇月の読売新聞社の争議である。ＳＣＡＰは同新聞の社主正力松太郎（注4）を戦犯容疑で巣鴨拘置所に収監した。そして、鈴木東民ら労組幹部の解雇を、マッカーサー指令に違反するものとして取り消させた。読売新聞社の従業員は経営参加を要求し、経営協議会の大多数を占め、労働者管理のもとで新聞の編集・発行を行った。

## 表3-1　生産管理の状況

| | 期間 | 参加人員 |
|---|---|---|
| 読売新聞 | 1945.10.24-12.10 | 2,000 |
| 京成電鉄 | 12.9-12.29 | 2,000 |
| 三井三池美唄炭鉱 | 12.15 | |
| 日立精機（足立） | 1946.1.4-2.14 | 976 |
| 関東配電 | 1.7-1.27 | 18,000 |
| 日本鋼管鶴見製鉄 | .1.10 | |
| 赤十字中央病院 | 1.11-2.8 | 250 |
| 沖電気 | 1.26 | |
| 日本製靴 | 1.30-3.16 | 772 |
| 鉄道機器 | 2.18-3.8 | 111 |
| 古川電工 | 2.18-3.7 | 2,500 |
| オリエンタル写真 | 2.26-3.11 | 268 |
| 江戸川工業所 | 3.1-6.13 | 471 |
| 立川科学研究所 | 3.4-3.9 | 112 |
| 東京光学 | 3.13-3.22 | 650 |
| 東宝 | 3.23-4.6 | 545 |
| 東芝車両 | 3.28-4.17 | 1,645 |
| 帝石合金工具 | 4.2-6.6 | 69 |
| 日本競馬挽曳 | 4.12-5.3 | 281 |
| 小西六 | 4.13-5.7 | 1,590 |
| 日真工学精機 | 4.11-9.3 | 106 |
| 日本ロール | 4.28-7.4 | 224 |
| 東京精機 | 5.13 | 74 |
| 西年毛 | 5.16 | 62 |
| 杉中化成 | 6.3-9.2 | 179 |
| 東京都 | 6.21-6.29 | 41,000 |
| 北多摩運送 | 7.1-7.6 | 220 |
| 正田製作所 | 7.18 | 293 |
| 砂村木工所 | 8.8-8.12 | 42 |

備考　東京都『東京百年史第六巻』、その他資料による

京成電鉄では、賃金の五倍引き上げと団体交渉権の承認を要求した。交渉が決裂すると、ストライキではなく、従業員組合は自分たちで電車を運行し、収入を組合で管理した。その間、帳簿は正確で、不正流用はなかったという。

しかし、生産管理闘争に危機感を抱いた第一次吉田茂内閣（一九四六年五月〜四七年五月）は、マッカーサーによる「大衆デモ警告声明」（一九四六年五月二〇日）(注5)に力を得て、同年六月、生産管理は企業の所有権を侵害する非合法行為だと宣言し、社会秩序を保持するために行き過ぎを抑制するとの態度を鮮明にした。この声明後、生産管理闘争は沈静化に向かった。そして四八年一一月、最高裁による生産管理闘争の違法判決が出て、生産管理は争議戦術としては一応終息したのである。

生産管理闘争については、政治革命の運動として、また労働運動としていろいろの評価がある。これらの評価にかんしては、本書の範囲を越えるので、深くは立ち入らない。ただ、労働組合と協同組合との関連の観点から検討しておきたい。

生産管理闘争はアメリカの労働運動史には見られない独創的な闘争であったが、組織論としては後世に問題を残す企業別組合を作り出す要因の一つとなった。

職能別組合あるいは産業別組合では、労働者一人一人が署名して個人の自由意志で組合に加盟する。したがって労働組合は会社から独立した労働者の結社であって、事務所は会社の外のコミュニティに設けるのが普通である。しかし日本では生産管理闘争の過程で、労働者は個人の職能や産業の別ではなく、会社従業員として、職場の労働共同体のまま、労働組合に移行した。そして企業ごとに職能や産業の各分野を一括包含した労働組合が形成されてしまった。これが企業別組合である。

企業別労働組合にはそれ自体の長所短所がある。長所と言えば、労働者の階級意識が高く社会革命の機運の高まる場合には、企業の労働者管理を実施する上で、比較的に条件が整い易いことである。しかし平時には、労働者は階級的自覚よりも会社の従業員意識が強くなることである。終身雇用制や年功序列賃金や企業内研修で職能を向上させる条件のあるところでは、会社従業員として企業への帰属意識が強くなり、資本から独立した労働によって自立する人間としての意識が弱くなる。

要するに、企業別組合では労働者は自己のアイデンティティーを労働の価値観におくよりは、会社に求めやすいということである。

注3　http://www.marx.org/nihon/trotsky/1930-1/df-tousei.html　による。

注4　正力松太郎（一八八五～一九六九）は戦前の警察官僚で左翼運動を弾圧し、一九二四年、読売新聞を買い取り社主となった。戦時中は戦争推進に加担したA級戦犯容疑者として逮捕されたが、不起訴となった。

注5　一九四六年五月一九日、共産党の主導によって、食糧の配給遅延に抗議する飯米獲得人民大会が皇居前で開催され、参加者は二五万人に上った。デモ隊の一部はプラカードをもって宮城内に突入し、天皇に面会を求めたが、宮内庁に拒否されたので奏上文を渡して撤収した。翌日、GHQのマッカーサーは「組織的な指導の下に行われつつある大衆的暴力と物理的な脅迫手段を認めない」と声明を出し、社会党と共産党による政治攻勢を牽制した。

## 2　戦後日本の生活協同組合づくりへの影響

企業別労働組合の影響は、労働運動の中だけにとどまらない。企業別組合の従業員は一般的に自己のアイデンティティーを会社に求めやすいので、生活の拠点である地域社会とのつながりが弱くなるのが一般的傾向である。とくに男性は日常生活に大きい役割をはたす生活協同組合には関心が極めて薄くなる。企業別組合の体制のもとでは、労働組合運動とは関係の薄い生活協同組合が形成されることになった。そして日本的な二つのタイプの生協が出現することになった。

一つは企業の工場や事業所の敷地内に設立された店舗型の「職域生協」である。これは、企業による従業員の厚生施設の一部として便宜が与えられ、商品は廉価販売されるが、地域住民には閉された生協となった。大学生協もこのタイプである。

他のタイプは企業の外の地域社会で、市民が設立する消費者組合である。これは「地域生協」と呼ばれるが、地域生協では専ら主婦が組合員になる。

地域生協には、店舗型と無店舗型がある。店舗型生協は、一九四〇年代から五〇年代にかけて、地域市民が出資する「主婦の店」型の小規模な購買組合として設立され、主として食料品や家庭用品を販売した。しかしこれらの旧来型の購買組合は、地域の商店街が整備されるにつれて必要性がなくなり、姿を消していった。一九七〇年代、流通革命によって量販店が出現しはじめると、地域の旧来型の店舗生協は経営的に存続できなくなった。それにかわって、「職域生協」としての大学生協の活動家たちが地域社会に出て、主婦に関心の高い生鮮食品・加工食品と日用生活用品を主体とするスーパーストア型の店舗生協を組織した。これは「市民生協」といわれるもので、現在の生協の主流になっている。

もう一つの無店舗型生協は、多額の固定資本を必要とする店舗を設置しないで、食糧や日用品の予約共同購入をするもので、原則として地区の近隣居住家庭が顔の見える範囲で班（グループ）を組織する。そして班ごとに配送される共同購入物資を、自分たちの労働提供によって配分する。この班活動は共同購入以外にも、相互扶助の人間関係を強める効果があるといわれる。

店舗型と無店舗型のいずれも、組合員は自分と家族の生活用品の消費者として流通過程に関わるので、消費物資の安全性にかんしては関心が高い。そして大衆運動としては、消費者主権を行使することができる。そしてその運動の中から、生産者との直接的連繋や環境問題に関心をもつグループが形成されてくる。

生活協同組合を法人経営の観点からみると、消費者が出資者（株主）として資本を所有し、職員という労働者を雇用する。店舗型は法人の独立経営の形態が強くなるので、流通サービス企業における組合員＝株主と職員労働者とのパートナーシップ制による経営（「労働者統制」）ということができる。

無店舗・共同購入型は、同様のアナロジーで言うと、流通サービスの組合員管理ないし「労働者管理」である。「無店舗型」のほうが、直接民主主義が強い。しかし一九九〇年代以降、女性が企業に雇用されて働く機会が増えた結果、専業主婦が少なくなり、班による共同行動の代わりに戸別配達が増えた。管理の点から見ると、「労働者管理」から「労働者統制」に後退したということであろう。

次に企業別労働組合体制下の労働者生産協同組合について述べよう。企業別労働組合では、労働者が会社を解雇されれば、従業員の身分を失うので、労働組合との絆が切れる。失業者は労働者生産協同組合づくりを模索することになるが、労働組合と生活協同組合との精神的および物質的連帯がない場合には、販路の開拓がきわめて苦しくなる。

いずれにしても、日本の協同組合は自由市場経済との競争において、企業別労働組合の組織改造を見守りながら、自らの展開方向を発見しなければならないであろう。

## 5　職種別労働組合の職場委員

日本の企業別労働組合の限界を克服するには、どうすればよいか。

イギリスやアメリカ、カナダ、オーストラリアなどでは、合同機械・電気工組合、通信労働組合、運輸労働組合、看護協会、教員組合のように職能別労働組合の形態をとっている。こうしたところでは、職能別一般的な労働条件に関しては、全国的なフォーマルな労使交渉を行う。また地域の会社レベルでのインフォーマルな労使交渉を行う。地域においては、縦割りの職能別交渉では解決できない職場の各業種の従業員が抱える共通問題を企業側と交渉する役割が必要になる。このような職場、工場レベルでの交渉が必要になったのは、西欧では一九五九年以降のことである。政府のインフレ抑制策に基づく賃金単価の全国的設定とともに、現場では出来高作業、時間外労働などの職場加給をめぐって、山猫（非公認）ストライキが増え、企業主の側からも各労組との統一交渉が必要になったからである。職場で労組の統一交渉の役割を担うのが職場委員（ショップ・スチュワード）である。

大会社の工場では職場委員を選出する制度が設けられている。労働組合員の中から職場代表（男女）を選挙で選ぶのである。職場委員の職務は賃金水準や労働条件、解雇、配置転換など仲間の労働者に直接的関心のある問題や苦情について、経営者と交渉し解決する権限を与えられる。その交渉はインフォーマルなものであるが、産業民主主義の基礎をなす重要な慣行であるから、ドイツの工場委員会のように法的に承認された職務権限を与えるかどうかが問題になっている。イギリスの労働組合会議（TUC）では、職場委員の養成のために、法規の研修や職場管理などの研修コースを設けている。

職場委員は職場の代表者であり、全国と地域を結ぶ情報提供者、教育者、助言者であり、職場の中心人物なのである。E・F・シュマッハーはかれのエッセー「グッド・ワーク」のなかで、ショップ・スチュワードを信頼のおける良い執事に喩えた。職場委員とはどのような人物でどのような優れた重要な仕事をするかは、一九七〇年代、宇宙航空産業機材の製造企業、ルーカス・エアロスペース社の職場委員、マイク・クーリーらが労働者とともに、宇宙産業の閉鎖にたいして民生機材の自主生産に転換した活動を想起していただくとわかるであろう。（注6）

注6　ヒラリー・ウエインライトほか著、田窪雅文訳『ルーカス・プラン』（緑風出版、一九八七）参照のこと。

ショップ・スチュワードのような職能別ないし産業別の各種の労働組合支部を、職場で統括するオルガナイザーの機能は、日本でも生協や農協などが協同組合地域社会を形成する上で必須の機能である。ことに労働者生産協同組合が市民事業型に発展するにつれて、決定的に重要になってきた。これについては、順次、章を改めて述べよう。

# 第四章　企業組合と農事組合法人

すでに述べたように、敗戦後間もない時期、荒廃した日本を協同組合によって再建しようとする民衆団体があった。一つは日本協同組合同盟であり、他の一つは日本生産合作社協会であった。これらの運動推進者たちは、民衆主導の自主的な協同組合体制を法制度化しようとしたのであるが、これらの運動母体は持続することが困難になり、志を達成することができなかった。

その原因の一つは、対日占領政策の限界にある。ＳＣＡＰは財閥系独占企業の復活を防止するための「独占禁止法」を重視し、独占企業に対抗する民主勢力の一翼として協同組合を想定し、その基準案を、日本政府に提示した。一九四七年二月の段階で、米国政府とＳＣＡＰと日本政府で合意された協同組合の要件は、次の四項目であった。

①小規模事業者または消費者の相互扶助を目的とすること、
②任意に設立され組合員が任意に加入または脱退できること、
③各組合員が平等の議決権を有すること、
④組合員に対して損益分配を行う場合には、その割合が、組合の出資の価額または組合との取引の分量に応じて定められること(注1)

この要件は、協同組合を経済活動の面に限って規定したものに過ぎなかった。言うまでもなく、本来の協同組合の活動は、経済面だけで完結するものではなく、社会面、文化面に及ぶものである。ＳＣＡＰの当時の独占禁止法との関連で規定した単純な理解を、六〇年後の現在の国際的規定と比較しても意味のないことであるから、敢えて批評することはしない。しかし、当時の状況を想起して、占領目的によって意図的に伏せられたと思われる論理矛盾を指摘しておかなければならない。

その第一は、地域社会の形成を促進する要素として、生産協同組合を加えるべきであった。

第二は、大企業による市場独占を防止するためには、非営利団体である協同組合が、地域社会の利益に奉仕することを条件として、地域や全国および国際的規模で、他の協同組合と積極的に提携することを承認すべきであった。

この二点が欠落していることは、意図的でないとすれば、アメリカ社会が定住性に乏しい社会であることによるものであろう。それを意識しないで、ＳＣＡＰがしめした基準だけに追随した日本政府の官僚と協同組合団体は、戦後の協同組合制度を経済主義と流通機能偏重の構造に導いてしまった。

注１・堀越芳昭『米国対日占領政策の展開と協同組合』三三一頁

## 1　企業組合の法制化

社会党を主軸とした片山内閣（一九四七・六・一〜一九四八・二・一〇）が誕生して二週間後の閣議で、勤労者の生産組合の制度化とその助長を決定したことはすでに、第二章でのべた。

それより前、商工省は一九四六年八月に国会に「商工協同組合法案」を提出していた。それは、商工鉱業者が事業経営の合理化をはかるために、共同施設事業を促進する目的のものであった。この法案にたいしては、日本協同組合同盟などから、この案は商工鉱業者の在来の同業組合を再編成しただけのもので、民主化に必要な組合員資格の限定が不明確であるとの批判があった。中小企業庁は一九四八年一一月、新たに「中小企業協同組合法案要綱」を作成し、加入資格を資本金一億円以下、常時従業員数三〇〇人以下の中小企業に限定した。さらに、当時出現してきた生産合作社のような共同経営組合も「企業組合」として包含することになり、法案の名称に「中小企業等協同組合」と「等」の文字が挿入された。

さて、「企業組合」のこのような制度化は、独立自営業者の経済的な協同組合の群のなかに、生産協同組合のような労働目的をもった異質の共同経営体が混入することになった。「企業組合」の概念について、立案者の中小企業庁は次のように解説している。「企業組合は本法の制定によって初めて採用された組合形態であって、従来の組合概念とはまったく異なるものである。すなわち、企業組合は、組合員たる個人が互いに資本と労働をもちより、相寄り相助けつつ共同事業を行おうとする組合形態である。したがって、それ自体が一個の完全な企業主体であり、組合員の事業に関する共同事業を行うものではなく、組合員たる個人は、かつて事業者であったとしても、原則として自己の事業を廃止し、企業組合の事業に従事して報酬を受ける勤労者的存在にならなければならない。したがって、外型的には会社に類似しているが、内部運営が出資者、従業員一体の形で行われ、かつ、組合原則によって律せられているので、性格上の差異があるわけである。

企業組合は、このように特別の性格をもった組合であるので、協同組合連合会への直接加入が認められず、組合に地区の概念がなく、経費、手数料を徴収できず、剰余金の配当方法も他の協同組合と異なる等組合法上に多くの特則がある」（注2）。

「中小企業等協同組合法案」は、対日政策転換後のＳＣＡＰに後押しされた保守派の第三次吉田内閣によって国会に提出され、一九四九年五月に衆参両院の商工委員会で審議された。議事録で見る限り、企業組合については「結構なことです」程度の儀礼的論議に終わった。当時の企業概念としては、「企業組合」は異形のもので、論議がむつかしかったのであろう。

ここで法案の問題点を論じることは、本書の目的から外れるので省略するが、ただ一点触れておくと、企業組合には地域性の規定がないことである。多分、SCAPが「独禁法」に関連して提示した協同組合の要件に、「地域」の観点がなかったことと無関係ではない。協同組合と地域との関連は奥の深い問題であって、企業組合が組合員として想定している「個人」は、地域で働き生活する生身の人間なのである。上記の解説では、企業組合を相互扶助組織であると規定していることから見ても、企業組合が人的組織であることはあきらかである。その反面、中小企業庁は、「企業組合の事業が活発化し、多数の従業員を必要とするにいたった場合には、むしろ企業組合を発展的に解消して、会社を設立するのが適当であろう」と、大規模になれば会社に変わることを勧めている。(注3)これも矛盾である。また事業協同組合とは異色の組合であるから、中小企業協同組合の連合会へ直接加入することはできないと、企業としての独立性を認めていない。これも問題である。企業組合はいったいどこにアイデンティティーを見出せばよいのであろうか。

企業組合はこのように労働者生産協同組合としては不十分な組織であるが、ワーカーズ・コープが本来あるべき固有の法制度をもつことを抑制されている現在、法人格取得の点で、当座の代用的役割を果たすことになっている。

注2・中小企業庁組織課編著『中小企業等協同組合法の解説』（ぎょうせい、昭和六〇年）、六八頁
注3・同前　一四八頁

## 2　企業組合の推移

### 1　経過と現状

企業組合は事業所の形態で集中型と分散型に分けられる。集中型とは、事業を全面的に共同作業で行う形態のものである。全国中小企業団体中央会の定義によると「組合自体が事業活動の主体となり、事業所がおおむね一カ所に集中しているもの」ということになる。あとで述べる事例1、3、4、がそれに当たる。

分散型とは、事業者が自家営業を個別に行いながら、事業の一部を協業によって行う形態である。同じく中央会によると、「組合員が従来営んでいた事業所を組合の事業所として存続させる方法をとる組合で、仕入れや販売については各事業所に委ねて組合本部は主として各事業所の売上代金の収納管理や仕入代金の支払等の業務を行うものである」。事例2がそれにあたる。（注4）これは日本的な協同組織の特徴の一つである。

注4・全国中小企業団体中央会『中小企業組合問題実態調査報告書、平成九年三月』による。

図 4-1　企業組合の数

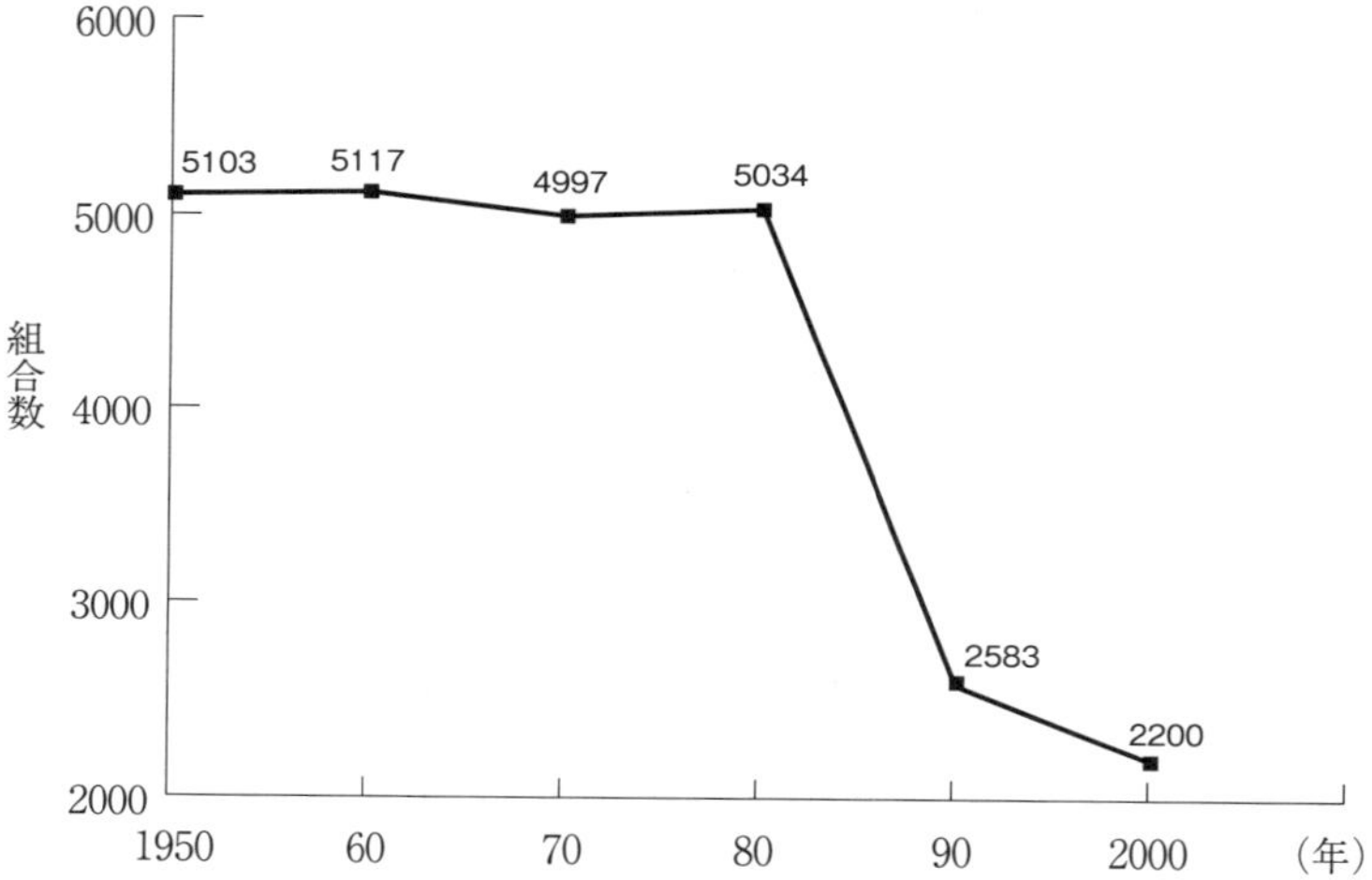


備考　全国中小企業団体中央会

さて、企業組合は法制化のあった昭和二〇年代後半から三〇年代には、統制から自由になった米屋（米穀小売業）のほか、卸・小売業、製造業、木材・家具・紙、食料品などの事業者が、それを活用して、企業組合を設立した。すなわち一九五〇（昭和二五）年までに設立数は五一〇三組合に達し、その後も五〇〇〇組合の水準を維持した。しかし組合数は、一九八一（昭和五六）年に三三六二に減り、九〇年代には二二〇〇に低下している（図4―1）。一九八一年に激減したのは、休眠組合を整理したためである。

一九八〇年代以後の企業組合の設立は、事業者にかわって、事業者でない主婦や定年退職者、脱サラリーマンによるものが主流になってきている（表4―1）。既往の個人事業者による分散型設立の場合に、減少がとくに顕著である（表4―2）。この背景には中小企業に共通するいくつかの要因がある。

(1) 事業者組合員が高齢化し、また後継者がいないために廃業するものが増えた。

(2) 昭和五〇年代半ば頃から、産業へのコンピューター、ロボット導入が進み、それができない中小企業はコスト競争の上で不利となり、将来を考えて、廃業する傾向が出てきた。

(3) 一九九〇年代（平成二年以降）、中堅以上の製造業が生産拠点をコストの安い中国に移す傾向が現れてきた。そして中国から安い製品が日本に大量に輸入されるようになり、国内の中小企業は生産コストの点で競争できなくなった。

(4) 一般の企業では、終身雇用制や年功序列制、企業内研修によって、従業員の労働意欲や会社への忠誠心を鼓舞することができるが、協同組合では個性や経歴、業種の異なる組合員が一つの組合を構成し、しかも加入脱退が自由なのだから、一般企業のような方法をとることが難しい。企業組合の求心力は一つにリーダーシップの良否にかかる。企業組合のリーダーは、様々な個性を一つの目標に纏め上げるオーケストラの指揮者のような人材でなければならない。このような民主的で求心力のある指導者は、中小企業組合の風土では少ない。

企業組合の経営効率を高める必要性は、経済のグローバル化とともに、二〇〇〇年以後、さらに強まった。二〇〇二年に「中小企業等が行う事業活動の促進のための中小企業等協同組合法の一部を改正する法律」（中小企業挑戦支援法）によって、自己資本の充実と経営能力の向上を促すという理由で、企業組合の特定組合員として大企業などの事業会社の加入に道を開き、また出資配当を二割（前は一割）に引き上げた。それより早い一九八四年の法改正で、従事比率（組合員が組合事業に従事する義務の規定）を三分の二から二分の一に、組合員比率（組合員でない者が組合事業に従事することの制限規定）が二分の一から三分の一に緩和された。組合員でない従事者のうち、パート勤務者や臨時雇、季節雇などの場合は、正社員とはみなされないので、予告なしに解雇できることになる（労働基準法第二一条）。このようなことは、雇う側の資本の論理で、労働者協同組合にはありないことであるが、企業組合のなかに持ち込まれるようになった。

## 2 事例

### (1) 岩手県畳企業組合

一九五〇（昭和二五）年、盛岡市の畳製造業者二人と畳材料の販売業者三人が、事業を

表４—１　　設立年次別の事業者、非事業者組合員別企業組合数の推移　(集中型)

| 成立年 | 合計（%） | 主として事業者であった者（%） | 主として事業者でなかった者（%） | 無回答（%） |
|---|---|---|---|---|
| 計 | 100.0 | 61.8 | 36.9 | 1.3 |
| 昭和29以前 | 100.0 | 83.8 | 14.6 | 1.5 |
| 30～39年 | 100.0 | 69.6 | 29.1 | 1.3 |
| 40～49年 | 100.0 | 71.2 | 28.8 | — |
| 50～59年 | 100.0 | 31.6 | 66.7 | 1.8 |
| 60～平成元年 | 100.0 | 28.1 | 71.9 | — |
| 平成2年以降 | 100.0 | 31.3 | 67.2 | 1.5 |
| 不明 | 100.0 | 27.3 | 72.7 | — |

備考　全国中小企業団体中央会　前掲報告書

表４—２　　設立年次別事業者企業組合数の推移（分散型）

| | |
|---|---|
| 計 | 100.0% |
| 昭和29年以前 | 48.5 |
| 30～39年 | 17.8 |
| 40～49年 | 11.9 |
| 50～59年 | 5.0 |
| 60～平成元年 | 14.9 |
| 平成2年以降 | 2.0 |

備考　資料同前

統合して企業組合を設立した。組合員一一人、従事組合員八人、非組合員の従事者五人である。出資金一五〇〇万円。

設立当初は組合工場がなく家内工業的に作業をしていた。一九六〇（昭和三五）年のチリ地震による津波の災害で、県から復旧応急住宅用畳製造を受注したのを契機に本格的生産に入った。また住宅建設の増加とともに畳の需要が増え、昭和三七年に近代化資金による支援を受けて、工場、倉庫、事業所を新設した。それから三〇年後の一九九三（平成五）年に再び高度化資金を利用して、工場内の作業環境を改善して働きやすくし、また従業員の健康保全のため粉塵問題を解決した。

問題は組合員が高齢化のため働けなくなってきたため、外部から若い労働力を職業安定所や新聞広告で募集採用しており、従事比率と組合員比率の規定条件を維持できなくなったことである。

(2) 東山企業組合

京都市東山区の清水焼とその小売業の個人事業者の二九人が、家族の給与を自家労賃として損金に算入することを求めて、一九五二（昭和二七）年に企業組合を設立した。当初は製陶業が過半数であったが、そのほかに人形制作、金属加工、家具販売、日用雑貨販売などの個人事業者が加わり、一九九六（平成八）年には組合員四九五人、事業所二六一になっている。従事組合員四八九人、組合員以外の従事者二八九人、出資金は五八三万円。組合本部では一七人の職員が働いている。

この企業組合では、組合員の余裕資金二五億円をプールして、組合員の必要資金の融通や手形割引のための「資金協同化事業」を設けている。労務、福利厚生事業では従業員互助会や労働保険業務を行い、また後継者育成のために二世会と婦人部を設置している。問題は新規加入者の数を上回る脱退者がでることである。脱退の原因は、後継者がいないため廃業すること、規模が小さいと節税のメリットがないこと、個人事業に成功して会社設立にいたることである。

### (3)　企業組合とちぎ労働福祉事業団

一九八八（昭和六三）年、福祉施設職員が中心になって、以前から生協活動をつうじて知り合っていた主婦たちとともに、高齢者、障害者、主婦、パート従業員らの就業の場をつくりだすため、ビルメインテナンスからはじめ、生協物流センターの清掃事業を受注し、任意団体とちぎ・労働福祉事業団を設立した。

その二年後、企業組合の認可を受けた。県中小企業団体中央会から助成を受けて「活路開拓ビジョン実現事業」として、先進的に福祉事業に進出することになった。一九九三年に、ホームヘルパーの養成講座を独自に開設し、二年後、社会福祉法人「美のりの里」（宇都宮市内での老人デーサービス・保育園事業）、NPO「あじさい」（小山市でのデーサービス・ヘルパー事業）のほか、NPO「とちぎ障害者労働自立センターゆめ」（清涼飲料メーカーと提携）、「環境マネージメント協会」（環境全般のコンサルティング事業）などの関連グループを組織するにいたっている。

組合員七九人、従事組合員五一人、組合員以外の従事者一二人。出資金一三五〇万円。

(4)　企業組合劇団風の子九州

一九八五（昭和六〇）年に、東京の劇団風の子の九州班として発足したが、一九八八年に分離独立して現在の名称になった。独立後もしばらくは元の有限会社の一員であったが、九三（平成五）年に企業組合になった。児童、青少年演劇の全国、世界公演を行う。

組合員一四人（三〇～四〇歳代が中心）、従事組合員一四人、組合員以外の従事者一人。出資金九六〇万円（以上の例は、全国中小企業団体中央会前掲書による）。

一九八〇年以降の企業組合は、脱サラ、定年退職者、生協組合員、技能グループなど

表4-3　企業組合　設立の事例（1980年以降）

| 設立年 | 名称 | 事業 | 組合員数（人） | 事務所所在地 |
|---|---|---|---|---|
| 1980 | 創和設計 | 建築設計、コンサル | 8 | 横浜市中区 |
| 1982 | にんじん | 惣菜製造 | 79 | 横浜市旭区 |
| 1986 | みち | 弁当給食 | 17 | 東京都練馬区 |
| 1989 | 凡 | シロップの製造、販売 | 14 | 東京都町田市 |
| 1989 | ぱんの樹あるれ | パン製造販売 | 18 | 横浜市旭区 |
| 1992 | ケーサンフォレスト | 造林・伐採の請負 | 10 | 栃木県黒羽町 |
| 1995 | ひかり情報技術 | 医療・環境・福祉関連用品の開発、製造 | 11 | 東京都豊島区 |
| 1998 | 浜名湖えるだークラブ | コンサル、教育など | 22 | 静岡県湖西市 |
| 1999 | 身延竹炭企業組合 | 竹炭製造 | 41 | 山梨県身延町 |
| 2000 | 健工舘 | 住宅修理、増改築 | 4 | さいたま市大和田 |
| 2001 | ライン・アート | プリント基板パターン設計 | 4 | 京都市伏見区 |
| 2001 | 津軽電脳工房 | 情報サービス業 | 4 | 弘前市新寺町 |
| 2001 | コミュニティ・街づくりフォーラム | 街作り | 7 | 千葉県佐倉市 |
| 2002 | そば切り発祥地本山そばの里 | そばレストラン | 23 | 長野県塩尻町 |

備考　事例は全国中小企業団体中央会『企業組合の組織および事業活動の現状と今後の方向に関する調査報告者』（平成九年三月）による。

「勤労者」的性格のものが増加してきた（表4―3）。

## 3　農業における生産協同組合の法制化過程

### 1　農協法の成立過程と生産協同組合

アメリカ軍が日本に進駐して間もなく、「農地改革についての覚書」（一九四五年一二月九日）を日本政府に手渡した。かれらが日本政府に命じた農地改革計画の作成のなかに、「日本農民の経済的、文化的向上に資する農業協同組合運動を助長し奨励する計画」が含まれていた。それから一九四七年七月までの間に、日本の農林省とＧＨＱ天然資源局との間で、農協法草案について八次に亘る交渉があった。

日本政府は農業会に代わる生産農民の職能協同組織を設立するプランを提出した。それは農業会の最末端組織である集落を生産協同体である農事実行組合に再編し、それを基礎として市町村から都道府県、全国の段階にいたる系統組織をつくる計画であった。

この案は、農村の民主化すなわち日本の村落共同体の解体を至上命令とするＧＨＱにとって、到底容認できるプランではなかった。業をにやしたＧＨＱ天然資源局は、一九四七年一月、第一次案を作成して日本政府に提示した。その中には、「農事実行組合」の文字はなく、全体として自由農民による経済組織の思想で貫かれていた。ただ農事実行組合の機能を農業協同組合の事業の一つとして活かし、列挙した事業のなかに、

「農業労働、共同作業及び農地の利用の能率の増進に関する事業及び農地の開発」

が入っていた。

ＧＨＱ案に基づいて作成し直した農林省の最終案では、農業協同組合の事業のなかに、

「農作業の共同化その他農業労働の効率の増進に関する施設」

「農業の目的に供される土地の造成、改良もしくは管理又は農業水利施設の設置もしくは管理」

「農村工業にかんする施設」

などが含まれていた。農業協同組合法案は一九四七年一一月に成立した。

農業協同組合法は農地と労働力が一体となった「農業生産力の増強」を目的としたものであって、農業生産協同組合の組織化を否定したものではなかった。ただＧＨＱは農地改革後再び寄生地主が発生することを危惧して、農民以外の法人が農地を所有することを禁じた。そのため、農地法第三条は法人の農地所有を禁止していたので、農協も農地を所有できなくなった。たとえ農協自身は農地を所有できなくとも、農業生産および流通等には労働力の協同化が必要であり、農産物の加工を含めた農村工業のための協同組合を組織で

きたはずである。（注4）

注4　林業では農業よりも階級分化が進んでいる。一九七〇年当時、日本の国有林には国有林野労働組合（二万七六〇〇人）があり、民有林では民有林の造林・保育、伐出の労働者（一万三〇〇〇人）を、森林組合の「作業班」として組織している。カナダでは林業労働者協同組合がケベック州を中心に全国的に組織されており、森林労働者協同組合が森林管理の中心勢力になっている。

## 2　農事組合法人の法制化

一九六〇年代になると、工業の復興によって、農工間の所得格差が開き、兼業農家が増え、また農産物貿易の自由化が海外から迫られる情勢になってきた。農地改革によって創設された自作農体制にはじめての危機が訪れた。農林省は農業構造改善事業を新政策として打ち出し、その眼目として営農団地構想と農業の共同化が登場してきた。そのため農林省は一九六二（昭和三七）年に農協法を改正して、農協の事業のなかに農地信託を導入し、また農業共同化のための農事組合法人の一章を設けた。農事組合法人には次の二つのタイプがあった。

(1)　農業に係る共同利用施設の設置又は農作業の共同化にかんする事業を行うもの（以下、協業型という）

これは、個人農家がそれぞれ自分の農業を営んでいて、害虫防除、稲の集団栽培、苗の育成、その他農繁期の農作業、機械の共同利用とか農産物の選果、加工、中間処理、販売などの効率化のため、生産工程の一部を協同事業として行うものである

(2) 農業の経営（これにあわせて行う林業の経営）を行うもの（以下、共同経営型という）

これは、複数の農家が自分たちの農業を一体的に管理し、協同労働によって一つの法人として経営するものである。

これよりさき、社会党の方も、一九六二年に農業生産組合法案を提出して、政府の農事組合法人の構想に対抗したから、生産協同組合についての討論が、日本の国会ではじめておこなわれることになった。社会党案の骨子は次のとおりであった。

(1) 農業生産組合は、農業及びその付帯事業のみを行うものに限定する。

(2) 農業生産組合の組合員はすべて組合の事業に常時従事しなければならない。事業に常時従事する者のうち、組合員またはその世帯員以外の者の数は、常時従事者の三分の一をこえてはならない。

(3) 地域性を考慮した土地と労働の地域的な共同化に眼目を置くから、組合員の資格を、市町村の区域内に住所を有する農民とする。この農業生産組合は、独立の経営体として農業経営を行う関係上、出資制度をとることとし、組合員は出資一口以上

を有しなければならない。組合は出資額を限度とする有限責任とする。

(4) 剰余金の配分については出資金については五%以内とし、なお残りがあれば、従事日数に応じて配当する。

(5) 設立の手続については、認可主義を採用する。手続を簡素化するため、発起人は七人以上の農民とする。

(6) 都道府県は、組合の設立及びその業務の運営に関し必要な指導を行うとともに、国は、生産基盤の拡充、機械化、有畜化の促進、技術経営面の指導、資金の確保等について積極的な助成をする。

(7) 農地の所有形態については、耕作する者の私有の原則を貫くとともに、農民自身の自主的な意思によって、農地に関する権利を共同で保有できるようにする。さらに、共同化を推進するため、新たに農業生産組合に農地と、採草放牧地についての権利の取得を認める。

(8) 創設農地については、賃貸借等の用益権の設定は禁止されている関係上、組合が解散した場合には、旧所有者に返還するか、国が買収する。

この社会党の農業生産組合と政府自民党の農事組合法との対立点の検討を通じて、日本の農業生産協同組合は、自作農主義の枠を超えて、農業の協業または共同経営を行う生産集団の法人として存立することになった。すなわち五戸以上の農家が共同生産の組合をつくり資本主義的企業にならないために、外部からの雇用労働を従事労働の二分の一以下に制限することにした。細部の特徴は次の通りである。

第一に、日本の農村集落には、従来から田植えなどの共同作業や精米などの共同利用施設や採草地の共同管理などを行う農事実行組合がある。このような農村コミュニティの農事実行組合は非出資の協業組合として申請があれば、農事組合法人（協業型）の法人格を認めることにした。

第二に、組合員資格に関しては、出資と常時従事の条件を緩和していることである。たとえば、農事組合法人（共同経営型）に大規模農地を現物出資して町に出てしまう者がいる場合、組合農場は北海道の何々農場のように資本家的農場になってしまい、実質、貧乏人ばかりの小作人集団農場になるおそれがある。このようなケースでは、出資と労働を同時要件とせず、ケース・バイ・ケースの組合判断に任せることにした。

第三に、組合員資格の常時従事の範囲については、生産的直接労働だけでなく、組合長、庶務、会計、技術業務などの間接的労働に携わる者も従事者とした。ただし、労働の量と質にかんしては、コルホーズのように数量指標で示すことなく、親近感のある仲間のことであることから、おのずと暗黙の了解で決まるとした。この労働の数量化は、従事組合員比率の算出と収益の従事分量配当に関係してくる。

第四に、農地などの現物出資にかんしては、不動産の価格評価によって、資本金として取り扱い、現物出資の考え方をとらない。また労働出資の考え方もとらない。

第五に、農地信託の問題である。信託契約によって農地の所有権の管理が農協に移っている場合、農協はそれを用いて、生産協同組合を組織できるか否かの問題である。信託とは土地の使用貸借ではなく、土地を保存する上で最小限度の管理をすることであるので、荒らした状態になることがわかっていても、農協自身が生産的に使用することは出来ない。信託された農地が一年以上になると、信託契約の期間にしたがって、それ以上になれば、契約を解除することになる。

日本では労働者生産協同組合の法制度がないところで、より複雑な農業生産協同組合としての農事組合法人の制度がはじまった。そのため、農業協同経営にかんする最終的意思決定は、農民の自由意志にまかせるという現実的運用を尊重することになった。しかしそれは同質集団のなかでは通用するが、客観的な分析では日本的な曖昧さを残すことになった。

# 4　農事組合法人の事例

農業における生産の共同化は、日本の実情に適合したため、全国に急速に普及した。多種多様な形態と事業のなかからいくつかの事例を紹介しよう。

## 1　協業型

(1)　庄内協同ファーム（山形県東田川郡藤島町）

山形県庄内地方は米作地帯であるが、全国的に米の過剰生産の傾向が出てきて、第一次減反政策が始まった一九七三年に、農業を継承した若者たちが集まって、農業や農協について学習会を組織した。七八年、第二次減反が開始されたのを期に、各自の産米の協同による産直販売に取り組み、もち米を持ち寄って餅の加工を行う工場兼事務所を建設した。それから一九八九年、「農事組合法人庄内協同ファーム」を設立した。九三年、共同の精米センターを建設し、二〇〇〇年以降、米、枝豆、青豆、黒豆について有機農産物の認証を受け、また有機農産物加工食品の製造業者の認定を受けた。

組合員　三二人（二〇世帯）　　協力組合員　三〇人
従業員　四人

資本金　一五五二万円
売上高　二億四〇〇〇万円（二〇〇一年六月）
現在、米粉一〇〇％を用いた新食品の開発に成功し、地元で店頭販売するほか首都圏コープにも販路を広げている。

(2)　農事組合法人「大安伸」（島根県飯南町安波岐）
あわき（安波岐）集落では、農業者の高齢化や後継者の不足のために、個々の農家では農地保全が困難になった。圃場整備事業を導入したのを契機に、集落全体で農地を守っていくこととし、乗用トラクターを導入して農作業の共同機械化を進めた。二〇〇〇（平成一二）年、隣の集落と一緒に農事組合法人「大安伸」を設立した。参加農家二二人、水田面積一九ヘクタール。大型機械のオペレーターの育成によって、地区の農作業が計画的に省力化できるようになり、精神的、肉体的にゆとりが生まれた。

転作作物として、大豆、そばの栽培に取り組み、青空市による消費者との交流を行い、またゆとりを利用して、餅や豆腐の加工などにも取り組んでいる。

このよう農作業の効率化のための集落での営農協定から農事組合法人に発展する事例は、全国各地の中山間地帯に多い。

たとえば、農事組合法人「えーのー」（広島県安芸高田市吉田町）。一九九二（平成四）年に集落ごとに組織された三つの営農組合が農地の四〇％を集積して、四五ヘクタールの水稲、大豆の効率的で計画的な栽培を行っている。豆腐料理の「茶屋」レストランも運営している。

「夢ファームたろうぼう」（宮崎県都城市）、「どんどんフーァーム古殿」（鹿児島県川辺町）なども集落営農から農事組合法人に発展した例である。

農事組合法人は都市部でも実現可能である。農事組合法人八丁島営農組合は、久留米市近郊の平坦水田地域にある。八丁島地区の農家九五戸（うち兼業農家八五戸）は、一九九〇年に転作団地化計画をたて、水稲、麦類、大豆のブロックローテーションをすすめた。トラクター、汎用コンバイン、無人ヘリコプター、田植機などの機械の共同利用を実施している。一九九七（平成九）年に農事組合法人（七種落、組合員戸数一一〇戸）を設立し、同時に作業受託組織として（有限会社）八丁島受託組合を設立した。労働力二六名は有限会社で雇用している。

(3)　農事組合法人かなん（大阪府河南町）

都市近郊では、消費者に安全、安心でおいしい地域の農産物や加工品を提供する事業を通じて、農村の活性化をはかる例が多いが、農事組合法人「かなん」はそのひとつである。河南町農村活性化センター（参加登録者　七六名）では少量多品目の伝統野菜（毛馬きゅうり、勝間なんきん、天王寺かぶら、石川早生、田辺大根・にんじんなど）、果物、加工品（みそ、もち、ジャム、米粉パンなど）、菌茸類、植木、花苗・工芸品の販売を行うため、地場産品の生産者と南河内地域の産直ネットによって供給を確保する努力をしてきた。その運営については指定管理者制度を導入することにし、農事組合法人「かなん」が二〇〇四（平成一六）年に設立された。土日朝市は会員が交代で従事する。

(4)　徳佐りんご組合（山口県阿東町）

一九四六年に入植した一七人が各自りんごを栽培し、防除や施肥方法を統一して、観光りんご園を育成してきた。樹園地の所有と経営は各個人で行うが、全体あわせると面積三五ヘクタール、りんごの品種三〇種、一万五〇〇〇本に上る。西日本で数少ない観光りんご園として売り出すため、一九六六年に農事組合法人「徳佐りんご組合」を設立した。減農薬、減化学肥料による安全、安心のりんご生産者団体として、エコファーマーの認定を受けている。

(5)　豊橋酪農リサイクル組合、豊橋バイオ堆肥組合（愛知県豊橋市）

豊橋市は人口三五万人の都市であるが、農業も盛んで、一九九〇年現在、水稲農家五一二六戸、二二四八ヘクタール、キャベツ栽培農家二八六二戸、一二三五ヘクタール、そのほか白菜、トマトの栽培も多量におこなわれている。畜産では、乳用牛八三〇〇頭、肉用牛一万一〇〇〇頭、採卵鶏一六〇万羽にのぼる。

こうした状況のなかで畜産廃棄物も多量に排出されるし、キャベツなどの野菜農家からの堆肥需要も多い。しかし非市街地でも混住化がすすんでおり、大規模な集中型堆肥製造は市民の住環境に悪影響を及ぼすので、同市の酪農業協同組合では共同処理施設を分散設置する対策をとった。そして参加農家を地区ごとのブロックに分け、環境対策として、地区内循環による堆肥生産と地区内流通の方式をとることで、地域住民の理解を得る努力をした。

その試みは、参加農家による農事組合法人豊橋酪農リサイクル組合（一九九〇年）、豊橋バイオ堆肥組合（一九九四年）の設立である。二つの法人は一八カ所の処理施設ごとに、堆肥のニーズに合わせて、副資材、水分調整、醗酵期間を考慮した処理方法を実施している。環境保全型畜産では、農事組合法人による地域対応が有効であることが証明されてきた。

## 2　共同経営型

### (1)　黄金崎農場（青森県西津軽郡深浦町）

地元の漁師二〇人が農業で生計を立てることを志し、一九七六（昭和五一）年、白神山地の麓の標高一三〇〜一七〇メートルの台地を開拓し、二五〇ヘクタールの農場をつくり、農事組合法人をその翌年に設立した。種馬鈴薯、大根、小麦、大豆を栽培している。二〇〇〇年に（株）キリンビールと種馬鈴薯の生産と販売について事業提携した。

### (2)　松ケ岡農場（山形県羽黒町）

明治五〜六年、旧庄内藩士の授産のため、藩士約三〇〇〇人と庄内支援農民が、月山西麓の山林三一一ヘクタールを開墾して、桑園を造成した。そして養蚕と製糸を経営した。土地は松岡社四五七名の共有制とし、明治後期に土地の一部を売却したほかは、水田や柿園の開発を行って共同経営し、農地改革においても共有制を続けた。一九六七年、農業構造改善事業で桑園を柿園に転換し、農業と蚕業の分離を進めた。八九（平成二）年、国指定史跡松ケ岡開墾場に指定されたのを契機に、一九九七年、土地共有制を廃止し、居住者六三名と松岡蚕種株式会社と農事組合法人松ケ岡農場に分割した。

松ケ岡農場は庄内柿と干し柿を主要生産物にしている。

(3)　伊賀の里モクモク手作りファーム（三重県阿山町）

手作りパン、ソーセージ、地ビール、野菜などの生産販売の農場で、レストランも直営している。一九九七（平成九）年、地元の養豚農家二〇人が、山間部の雑木林のなかに開設した。一一ヘクタールの土地を有効に使い、消費者が入場料を払って、エコロジー農業の体験ができるようにしている。入場者年間三〇万人、従事者二〇〇人、パート一〇〇名。年商二五億円（一九九九年）。新しいアイデアによる農林公園型のアグリビジネスである。

(4)　古座川ゆず平井の里（和歌山県古座川町）

林業地帯の古座川町の小さい山間集落平井で、低迷する林業の将来に備えて、一九五五年にゆずの栽培が始まった。女性が参画して、八二年にゆずの搾汁工場を創り、ゆず酢を農協に出荷した。搾り粕として皮がたくさん出る。ゆずの皮がもったいないというので、ゆずの皮でマーマーレード、ジャムを作りはじめた。二〇〇四年に平井集落八〇戸のうち、六二人が農業組合法人の組合員になった。

加工施設では、正職員八人、パート職員一一人が働き、そのうち女性が一八人である。

二〇〇五年の売上高は八五〇〇万円である。休耕田にゆず園を増設し、都市の人々との交流の機会を増やすことを考えている。

### 3　協業と共同経営の複合型

地域で水稲や畑作物と畜産、果樹、野菜、その他の作目との複合経営がふえるにつれて、農事組合法人では、協業型と共同経営型を複合する様式がとられるようになった。端的な一例は農事組合法人「米沢郷牧場」（山形県高畑町）である。これは、リンゴ、野菜、コメなどの栽培を協業型で、畜産、農産加工と飼料工場、堆肥センターは共同経営型で運営し、全体として自然循環農業を構成するため、農事組合法人としては協業と共同経営を機能的に結合する複合型になっている。

無茶茶園（愛媛県明浜町）の三十数戸の有機・減農薬によるみかん栽培農家は、みかん類の出荷を協業化した。その後、余剰労力をもって他町村の耕作放棄農地を購入し、野菜の共同耕作を行っている。その共同経営農場の農地は、都市の消費者から集めた「農地共有・文化共生基金」で購入したもので、全国から新規就農希望の若者を受け入れて、共同生活による農業実習を実施している。

ほかにも複合型は、農業の施設化による協業が進むにつれて多く見られるようになった。「吉岡バラ温室組合」（静岡県掛川市、九戸）、日進温室組合（熊本県八代市、六戸）などは、複合型の温室経営を行っている。

## 5　農事組合法人が増える理由

農事組合法人が法制化されてから三年後の一九六〇年までに設立された法人は、約一一〇〇組合であった。その後一五年の間、設立が増え続け、八五年には六六〇〇組合に達した。それから今日まで。おおよそその水準をたもっている。

農林省の当初の期待と比較すると、協業型では出資組合が一般的で、非出資組合よりも遥かに多くなった。戦後の農業は、農地改革以前の非出資・集落実行組合で対応できないほどの機械化と施設利用の農業に発展してきたのである。またＧＨＱは農地改革で自立農家体制を期待し生産の協同化を拒否したのであるが、一〇〇〇の共同経営型（一都道府県平均で約二五組合）の農事組合法人が設立され、八〇年代以降もその水準を保っている。さらに協業型と共同経営型の複合形態の農事組合法人は始めから増え続け、二〇〇〇年には約三〇〇〇にのぼっている（図４―２）。

自由主義、個人主義がもてはやされる時代に、このような協同主義が広がる背景には、何があるのであろうか。その要因は農村の現場の生産事情にある。

第一に、農業労働の構造的な変化がある。一九六〇年代から、農村では高齢化と若者の流失による労働力不足が起きているが、この対策として農業の機械化、施設化が進み、やがてグループや集落単位の農業の協同化に進むケースが現れてきた。これにともなって、オペレーターの作業は契約によって行う習慣が広まり、その内容は社会的な労働条件が適用されるようになった。作業の標準化と賃金の引き上げが一般的になり、在来の雇用労働の意識を変えた。小農経営では対応できない状況が、農事組合法人化を促進した。

第二に、農業の自由化が農業コストを低減する圧力となったことである。WTOによるアメリカなどからの農産物の輸入圧力、また中国からの安価な農産物の輸入が、国内農業の協同化を促している。

第三に、安全、安心でおいしい食糧と農業を求める消費者の意向が影響している。減農薬の農業生産、化学肥料に依存しない有機肥料、堆肥の使用のためには、生産条件を地域的に統一する必要がり、そのためには生産を集団化したほうが良い。

第四に、畜産廃棄物や農業廃材などの環境問題を解決するには、地域循環ができる地域農業のシステムをとる必要があるためである。

図 4-2　農業組合法人の数

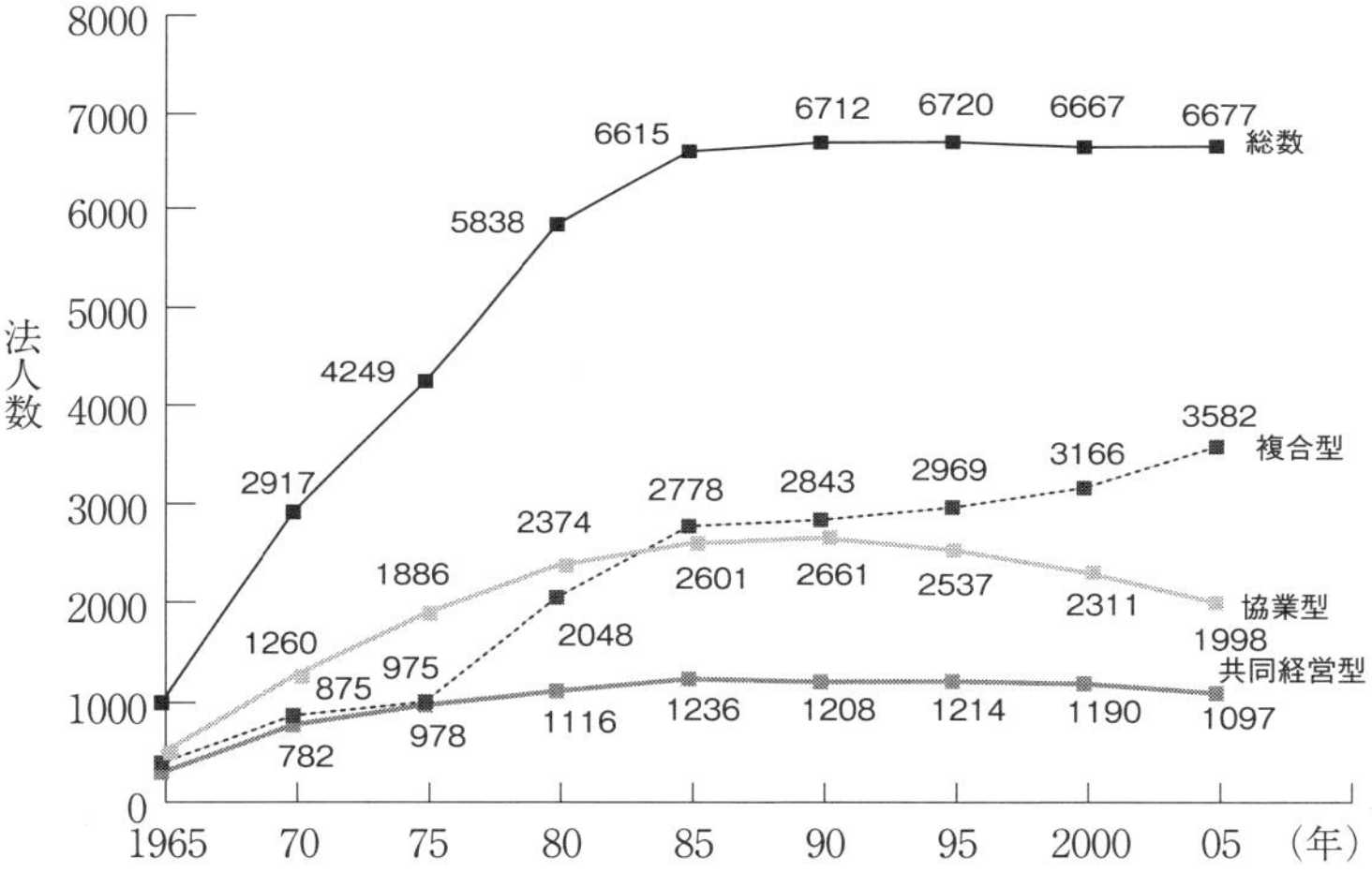


備考　農林水産省「ポケット農林水産統計」

第五に、共同販売の方法が変わってきたことがある。農産物の地場産直では多品種少量の生産体制が必要であり、多様な小規模生産者の多数の参加が求められる。通信販売の需要が高いが、ある程度、産地のブランドがもとめられる。そのブランドは、中央市場や量販店での在来型の産地銘柄ではなく、たとえば「スローフード」や「エコ農業」、「自然農業」など、生産者の主張やグループの価値観がものを言うことになってきた。都市消費者との交流・農業体験もブランドの一つになっている。

第六に、農業は地域おこしの手段となってきたことがある。地域おこしはいろいろなアイディアを出し合って、協同・協力し合って事業化しなければ成功しない。

第七に、中山間地域の所得保障など、農業従事を基準とする所得保障には、個人の就労を証明する事業所が必要であることがあげられる。これは個人の労働の社会的評価が必要となる時代には、基本的に重要な要件になってくる。

第八に、農民組織や農協・市町村職員や中小企業の経験者のなかから、起業の才能と統率力があり、地域農業のショップ・スチュアード的なリーダーが育ってきていることがある。

グローバリゼーションの進行とともに、企業の営業分野に大手企業が進出している。農業では株式会社（建設会社、食品、外食産業など）の農業参入が進んでいる。これに対して、小企業や小規模農家の側では、地域における協業化や共同労働による共同経営の態勢を強化せざるをえないであろう。

# 第五章

# 日本の労使関係

「協同労働の協同組合」が社会的に認知されるには、まず労働を尊重する風習が、産業社会に根付いていることが必要である。次に人間的自立性を尊重する社会慣習が必要である。こうした社会環境の形成は、いま現に働いている人々の日常的な労働慣習に負うところが大きい。

日本の雇用労働者は勤務している会社に自分の生き甲斐を求め、会社から自立した個人としての意識が弱いと言われる。それは本当だろうか。そうだとすれば、会社がどのようにかわれば、会社から離れても自立した人間として生きて行ける意識が育つのだろうか。会社の雇用形態の変化と労働者の意識の変化は、恐らく相互作用の関係にあると思われる。そしていま、変わる時が来た。本章では、自立労働の価値観に影響のある日本の労使関係を検討しよう。

## 1　経営権と経営

経営権とは、企業を統治する権限のことである。経営権は資本所有者の固有の権限ではあるが、その在り様は資本の発展段階とともに変わるものである。

手工業時代にはギルド（親方・徒弟の職人組合）が基本的組織であって、たとえば大工職人の仲間では、棟梁は仕事を受託し、工程を計画し、作業を指図したが、経営権というものは存在しなかった。棟梁は仲間の大工と同じく職場で苦楽を共にして働く職人の一人であり、工事を差配する責任者であるけれども、建築主の代理人ではなかった。

経営権が生産過程を統治する独立した権力として形成されるのは、産業資本主義、特に機械制工場様式の発生の時代であって、生産工程が分業とそれらを連結する流れ作業となった発展段階からである。生産の流れ作業では、現場の秩序を維持する必要があり、秩序を維持する差配が専門職として独立するようになるからである。

職場の秩序の維持を必要とするのは、その企業の所有者である。オーナー企業であれば、経営権の行使はオーナー自身が行うが、企業形態がオーナー企業から株式会社に移行するにつれて、経営権は株主から独立してくる。そして経営権の根拠を、資本家の財産権の保全という観念に見出すことになる。さらに株式会社が有限責任制に移行すると、経営者の責任は株主や投資家の財産権の保全にあるという古典的観念の意味が薄れ、別の根拠が必要になってくる。

ロナルド・ドーアは、日本企業を経営の在り様によって、二つのタイプに分けている。一つは「準共同体的企業」で、他の一つは「株主所有物企業」である（ロナルド・ドーア著『誰のための会社にするか』岩波新書　二〇〇五）。

「準共同体企業」は、日本型経営の特徴である資本家と従業員の企業一家的関係から成り立っている。そして従業員は企業内労働組合を組織し、労働組合幹部の中から、企業幹部に昇進するケースも出てくる。従業員の終身雇用制、年功序列賃金制、退職金制度が崩壊しつつあるとはいえ、日本型企業の共同体的性格の根幹部分は、弱体化してもなお存続している。この日本型の企業一家的「準共同体的企業」を、閉ざれた労使の馴れ合いではなく、企業の社会的責任を重視する「社会的企業」に転換することが現在の課題である。「社会的企業」とは、企業の構成者である株主のほかに従業員、取引先、下請け業者、債権者、消費者、地域社会などの利害関係者（ステークホルダー）の共同の利益を追求する企業のことである。

「準共同体的企業」の対極にあるのが、「株主所有物企業」である。「株主所有物企業」とは、株主の所有権を重視することを経営の基本とする企業であって、アメリカに多く見られるタイプである。「株主所有物企業」は、株主のために株価を高く維持することを最大の経営政策とするので、株価の売買差益に関心の高い機関投資家や個人投資家の動向に左右されやすく、短期的な利益に支配されて、企業の中長期的競争力を損なうおそれがあると言われる。

日本の株式会社は、古い型の「準共同体的企業」であったが、一九九〇年代から、アメリカ式の「株主所有物企業」に転換する傾向が強まっている。この変貌は、日本経済のグローバル化が促進したものであるが、一九七〇年代から企業別労働組合が衰退したこととも深い関係がある。なぜ、日本企業が経営権の強化に成功し、反対に企業別労働組合が弱体化したのか。また「社会的企業」に転化するには、どうすればよいか。

## 2　企業別労働組合の弱点と転換方向

### 1　生産性向上運動について

戦後労働運動の生産管理闘争が、その結果として、「企業別組合」を作り出したことは既に述べた。「企業別労働組合」は外部の労働組織とはつながりをもたない「企業内労働組合」（カンパニー・ユニオン）と混同されやすく、欧米の左翼からの評価では、カンパニー・ユニオン（御用組合）と同様に見られている。

日本では企業別組合を基礎として、その上に単位産業別労働組合連合会（単産）、それらの中央組織として、産別会議（昭二一年結成）、総同盟（昭二一年結成）が結成され、その後、総評や総同盟などの離合集散を繰り返し、一九八九（平成元）年に日本労働組合連合会（連合）や全国労働組合総連合（全労連）、全国労働組合連絡協議会（全労協）というナショナル・センターを構築している。支持政党で言うと、連合は民主党、全労連は共産党、全労協は新社会党／社民党に分かれる。その系統組織の分立は、主として、企業別労働組合の活動家グループが所属ないし支持する政党・党派あるいはイデオロギーの違いによって生まれたものであって、労働者大衆の産業別あるいは職能別の必要性に基づいて組織されたものではない。（図5―1）

戦後の労働運動が、労働者階級の地位向上のために、積極的な役割を果たしたのは、占領下の僅か数年である。生産管理闘争が最高裁によって違憲とされた一九四八年一一月以降は、資本家の経営権奪還の攻勢を受けて、後手に回ることが多くなった。そして日本経営者連盟（旧日経連）や治安当局の主導によって、労組の左翼活動家が企業別労働組合から追放されていった。続いて一般労働者の解雇を含む職場の再編・合理化が職場で進行した。これに対して、労働組合は抵抗闘争を立ち上げるが、労働争議件数で見ると、一九七三年をピークとして、それ以後、急速に力を失っている（図5―2）。一九七三と七四年に労働争議が急激に多くなったのは、石油ショック後、経済の成長が低成長化に転じた不安からである。労働運動のテーマは賃上げから生活防衛闘争に移行した。その頃から、労働者の組合からの脱退が増えるようになった。労働者は企業における闘争よりも、企業の安定を望んだのである。それは労働組合のストライキ日数の日英を比較すれば、歴然たる

## 図 5-1　戦後労働組合の組織の変遷

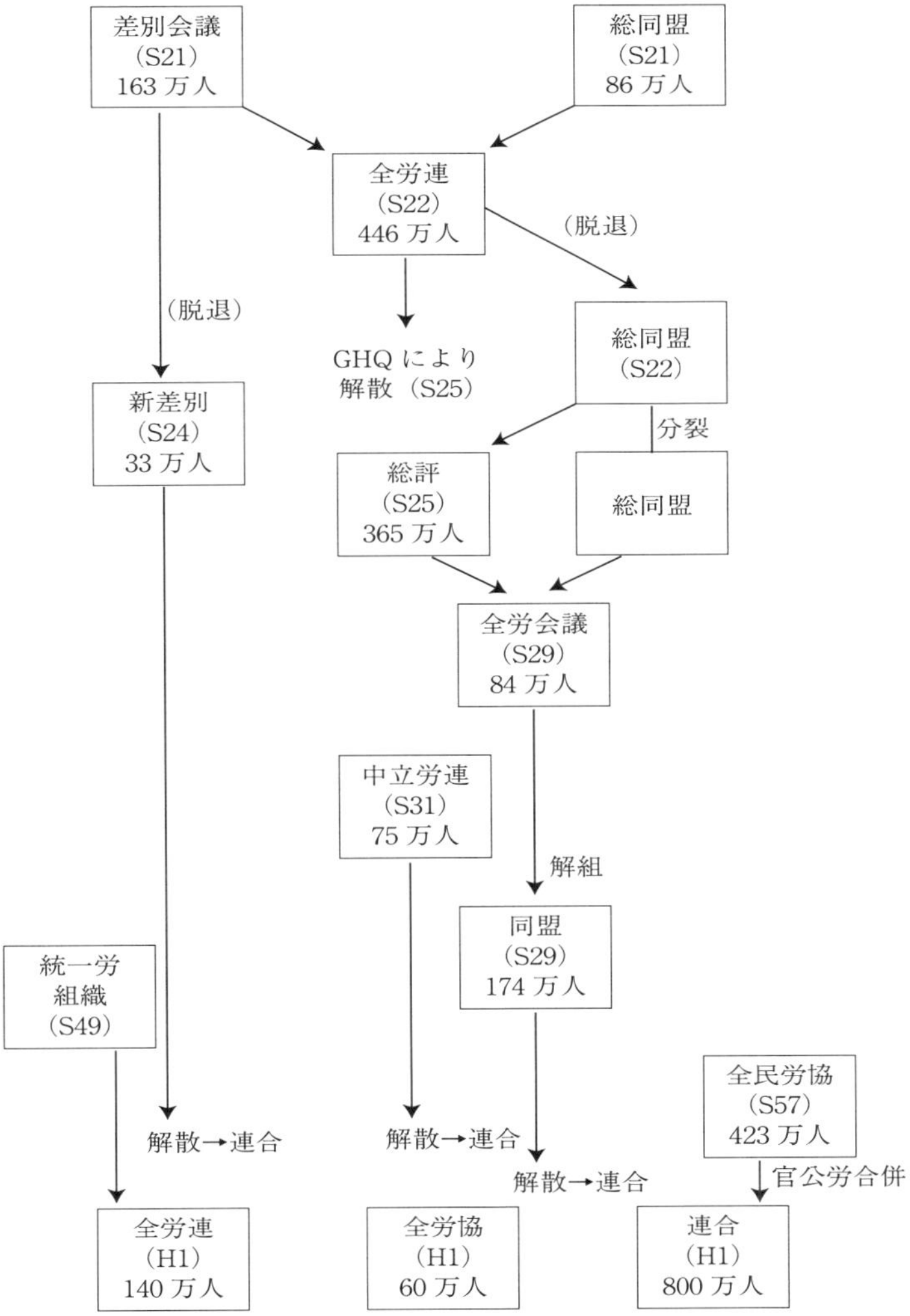


備考　Dr. K「労働組合の現状」

図 5-2　労働争議件数

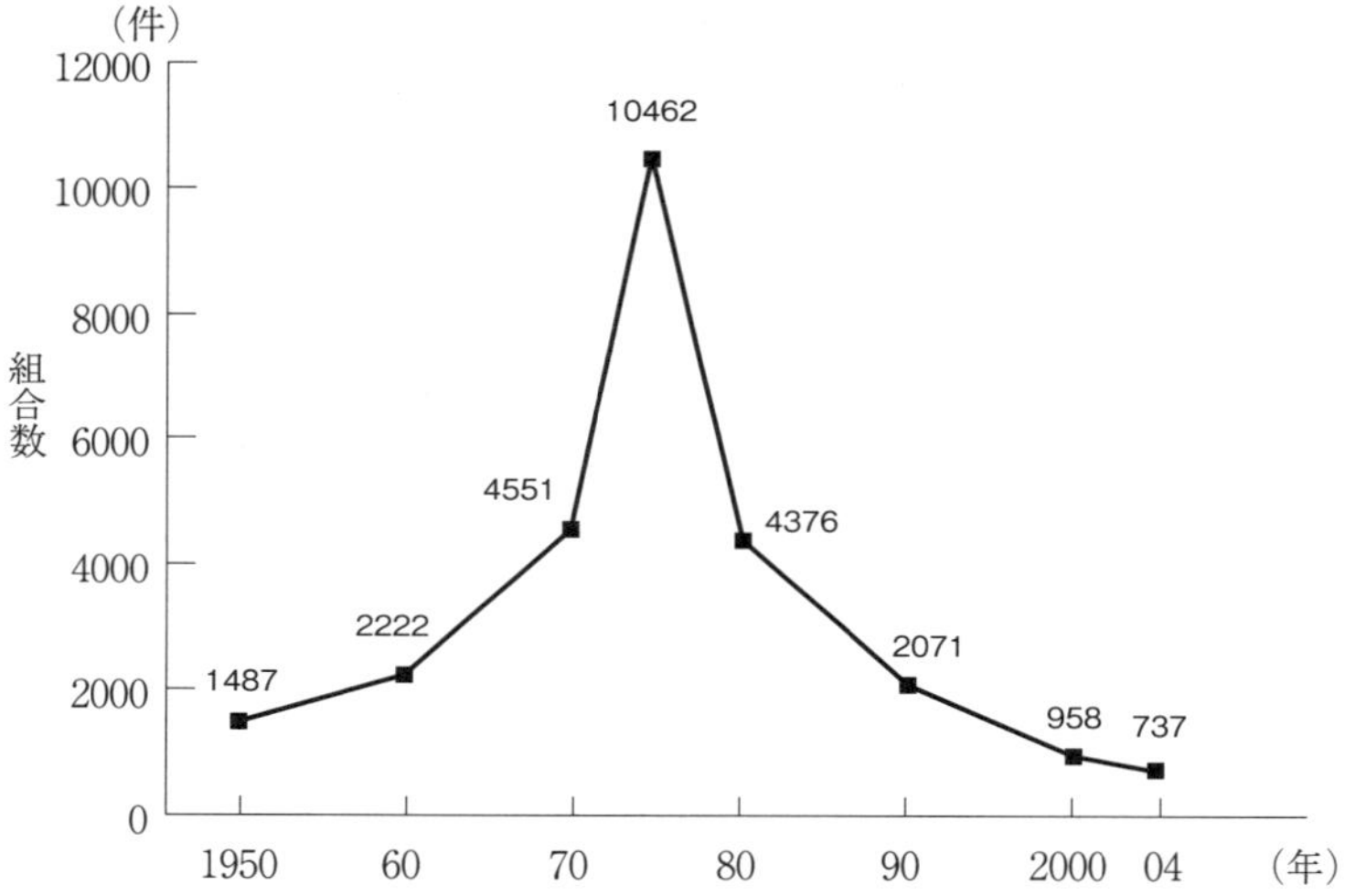


備考　厚生労働統計情報部

ものである（表5―1）。

労働組合の組織率は、労働組合の復活期と言われる一九五〇（昭二五）年の四六・五％から次第に傾向的低下を続け、二〇〇五年には一九・二％と遂に二〇％を切るまでに落ちた（図5―3）。

戦後の経済復興過程で、資本の側から労働の側に、再編・合理化の働きかけが始ったのが、一九五五年の「生産性向上運動」の呼びかけである。その運動の当事者、日経連の説明によれば、「生産性向上運動」は、第二次大戦後、アメリカがヨーロッパ復興援助のために行ったマーシャル・プランの実効性を確保するために、アメリカ産業の高い生産性を伝授する情報交換と技

表5-1　日本とイギリスのストライキ日数

| | 日本 | イギリス |
|---|---|---|
| 1980 | 1,001,000 | 10,964,000 |
| 1985 | 261,000 | 6,042,000 |
| 1989 | 22,000 | 4,028,000 |

備考　Susan Cockerill & Colin Sparks ; Japan in Crisis

図 5-3　雇用者数と推定労組組織率（人、%）

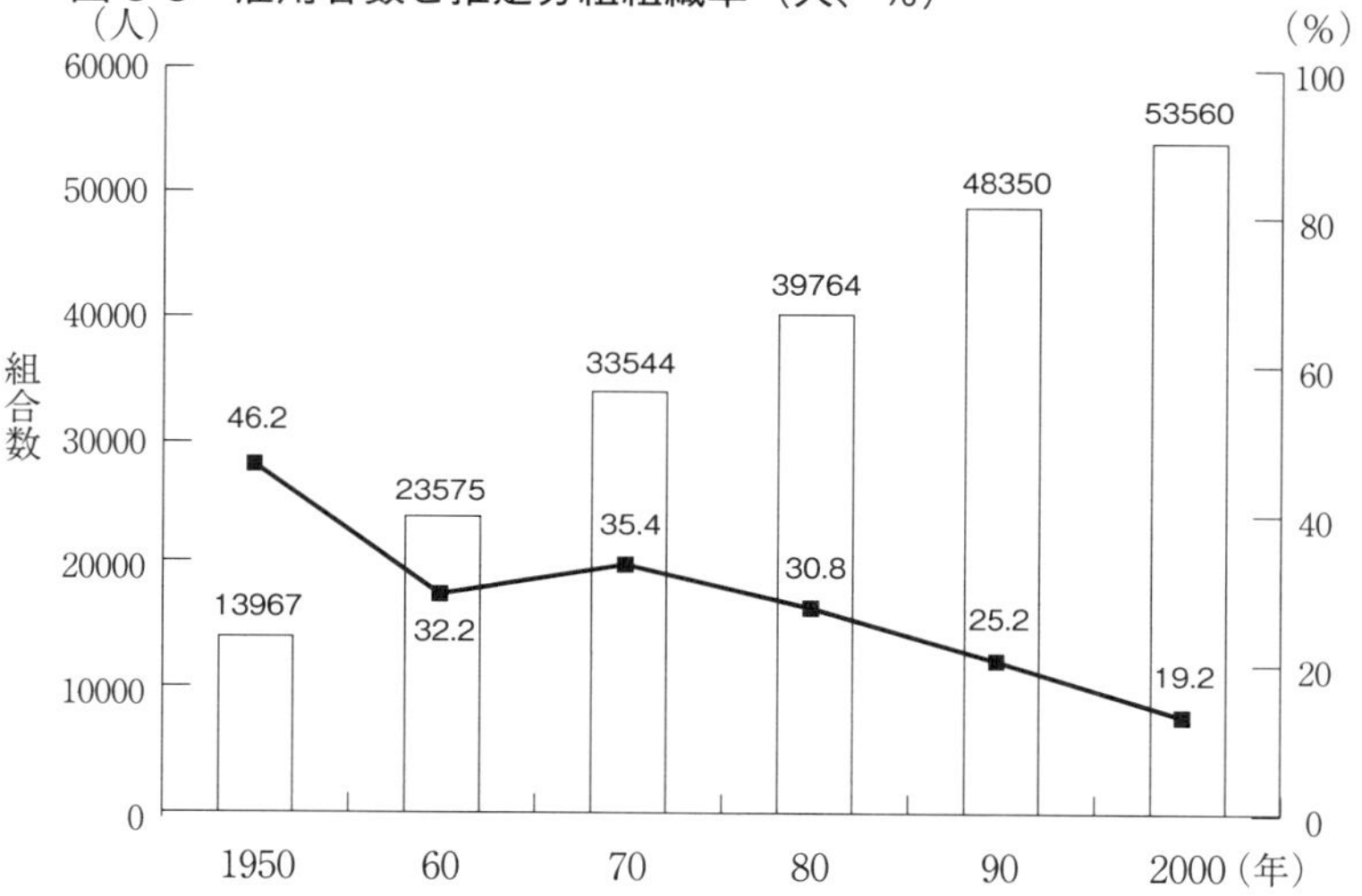


備考　総務省統計局「労働調査年報」と厚生労働省「労働統計要覧」による。

術交流を図ろうとしたものである。したがって、「生産性向上運動」は、企業が労務管理を強化して生産性を上げることを目的としたものではなく、生産性向上によってコストを引き下げて企業家の利潤を増大させ、投資家への配当を増加させ、一方、労働者の手取を増大させ、生産品の価格を引き下げて一般消費者を満足させ、究極において国民の生活水準の向上、国民所得の増大を目指す運動であるというのである。そして、運動のために、経営者、労働者、学識経験者の三者によって、日本生産性本部を設立した。そのとき、「生産性運動に関する三原則」として、

① 雇用の維持・拡大
② 労使の協力と協議
③ 成果の公正分配

を掲げた。

この三原則は国際労働機構（ＩＬＯ）の「団体交渉権の実効的な承認、生産性向上に関する経営と労働の協力、ならびに社会的および経済的措置の準備と適用に関する労働者と使用者の協力を達成するための計画」（一九四四年）、「企業における使用者と労働者との間の協議および協力に関する勧告」（一九五二）などの決議の精神を意識したものであるとされた。

この「生産性向上運動」を現在の時点で解釈すると、当時の日本で一般的な企業概念であった「株主所有物企業」を「ステークホルダー志向企業」へ変える意向を読み取ることができる。しかし、この意図は当時の閉鎖的な「準共同体的企業」およびその企業別労働組合では理解を超えるものであった。

「生産性向上運動」が提案されたとき、総同盟は労使協調路線の立場から、「生産性運動にたいする基本的態度―八原則―」を発表して、前記三原則についての賛意のほかに、「この運動を成功させるために産業民主主義を徹底して合理的な労使関係を確立することが不可欠の要件である」などの五項を加えて共同確認を申し入れた（昭和三〇年七月一八日）。

これに対し、総評は「生産性向上運動」は、アメリカの支持と援助による日米独占資本の新しい搾取の戦略だとして協力しなかった。この総評の態度は、総同盟の経済主義と労使協調の基本方針に対抗するためではあったが、本当のところは、「生産性向上運動」に関して、階級闘争的な労働運動の狭い視野による反対であって、社会構造全体の改革に対応した理論と政策の準備が出来ていなかったからではなかろうか。「生産性向上運動」は、現在から見れば、「株主所有物企業」からステーク・ホルダー企業への転換の好機であった。それは企業を支配的株主から解放すると同時に、労働者階級を単なる雇われ人から解放する機会でもあった。当時の左派労働運動には、そのような広い階級性に基づいた思想がまだ育っていなかったために、狭い政治主義に固執したと言うことができよう。

「生産性向上運動」が総評など左派労働組合に受け入れられなかったのは、政治主義が足かせになったばかりではない。労働組合の共通課題であった賃金闘争が、「生産性向上運動」と絡んでいたからである。時代状況が悪かった。

戦後の賃金体系は、生活給を基本とした格差の少ないものであった。しかし経済復興が緒につき始めた一九五〇年ころから、生活基本給の比重が高い賃金体系のなかに、能率給の導入が提案されるようになった。生活給を基本とする賃金体系では、勤続年数や年齢が高くなるほど、仕事の責任とは関係なく、賃金が多くなるという矛盾を抱えていたからである。企業の賃金負担を少なくしたい資本家側は、「生産性向上運動」が紹介され始めた五三年ころから、能率給をさらに制度化した職務給に切り替えることを望むようになった。職務給の導入を提唱し推進しようとしたのは、ほかならぬ日経連であった。

しかし、労働組合の側は、職務給の導入を認めることは到底できなかった。職務給の導入は、ブルーカラーとホワイトカラーの職種別賃金格差をなくしてきた既得権に対する資本の側からの挑戦であり、労働する者のなかに職種による身分格差を創りだすことは明らかであった。それは、労働組合の団結にひびを入れることを意味した。労働組合側は、賃金の一律ベースアップを掲げる春闘方式を編み出した。これに対し、日経連は定期昇給制度を打ち出し、賃率の引き揚げを属人的な職務や職能によって吸収する方策をとるようになった。

こうした労使が互いに不信感を持つ対抗関係においては、「生産性向上運動」はその美名にもかかわらず、現実の日本では、企業が社会的企業に転換する契機とは到底ならなかった。

## 2　労使協議会

左派労働組合は「生産性向上運動」に反対したが、三原則の一つである「労使協議会」については、かならずしも反対しなかった。かれらは、企業の経営民主化のために、労使協議会を経営協議会とすることを主張した。経営協議会を会社経理の公開、人事の監視、事業の社会的評価の機会と捉らえ、大衆闘争の前段階として、戦術的に利用することを考えたのではなかろうか。

日経連のほうは、労使協議会で経営問題を扱うことを避け、労働条件の苦情を扱う労使懇談会として設置する意向を固めていた。

たしかに「労使協議会」は「生産性向上運動」が登場する以前に、ＧＨＱの労働課長エーミスが、その設置を提案したものであった。すなわち、彼は、二・一ゼネストや電産スト、官公労ストの禁止のあと、一九四七年四月七日に、日本の代表的労働組合の責任者と日経連、労働省、中央労働委員会の幹部を呼び出して、労使協調を基礎とした労働協約のための団体交渉を勧告するとともに、実施の方法として「労使協議会」の設置を提案した。

したがって、日経連が一九五五年に「生産性向上本部」を立ち上げる以前に、日本の企業のなかで「労使協議会」が設置されていた。一九五四(昭和二九)年には、労働協約に基づく労使協議会は、一万八〇〇〇余にのぼる労組数のうち、約六〇%に設置されていた。その協議の対象は、労働条件、生産条件、苦情処理であった。

| | | |
|---|---|---|
| 労働条件に関する機関 | 九六七三 | 八九% |
| 生産にかんする機関 | 四七五六 | 四四% |
| 苦情処理にかんする機関 | 八四九〇 | 七九% |

備考　労働省「労働組合基本調査」による。

日本の企業社会では、理念的な「生産性向上運動」は宙に浮いたが、「労使協議会」は、意外にも、うまく機能した。その理由はいろいろあろうが、その一因として、経営者の日本的な育成事情がある。日本の企業の経営者は、創業者自身の場合のほかは、たいてい一般社員として入社し、企業のなかで昇進して管理職や専門職の職責を経験する。そしてリーダーとしての能力があると見込まれた者が、企業幹部に昇進するのが、一般的ケースである。なかには、若いときに正義感から学生運動や左翼運動に身を投じ、入社してからは労働組合の執行委員を務めたこともある人物もすくなくない。したがって労働組合の役割を理解しており、労組代表と話し合うことをいとわない。フォーマルな「労使協議会」のそとで、日常的にインフォーマルな労使の交流が行われることになる。

## 3　三菱重工の場合

三菱重工は説明するまでもなく、船舶、工作機械・原動機・その他汎用機（戦車を含む）、発電施設、冷熱、家電、印刷機械、航空機、ロケットなどを製造し、日本を代表する重機生産企業である。

資本金二六五〇億円、売上高二兆二〇〇〇億円（単独）、社員三万二〇〇〇人で、アメリカはじめ海外にも工場が進出している多国籍企業である。

明治一七（一八八四）年に創業し、その主力工場の一つである神戸造船所で、一九二〇年頃、賀川豊彦が指導する労働争議を経験した。その機会に、各工場に「労務協議会」を設け、職場の従業員代表を選挙で選び、経営陣と話し合いで問題を解決する風習が生まれた。とは言っても、「労務協議会」は労使の協議というよりは、職場の意見や要望を経営者側が聞いて、工場運営の参考にする程度のものであった。

戦後、三菱財閥解体によって分立していた重機、造船部門は、一九五〇（昭和二五）年に現在の三菱重工として再発足した。労働組合は一九六八（昭和四三）年に、単一の三菱重工労組に統一され、総同盟に加盟した。そして統一労働協約を各社ごとに締結している。それは「労使は相互にその信頼関係の確立・維持に努め、労使間の問題は、平和的協議によりあくまで話し合いによって解決を図る」（社史による）というもので、会社が経営政策や経営計画を実行する前に、労使で協議する「事前協議制」を実行する労使協議会を設けることになった。労使協議の案件は種類によって、「経営協議会」、「労務委員会」、「生産委員会」に振り分け、全社レベル、事業所レベル、部課のレベルで、労使が協議する（表5―2）。

「中央経営協議会」は全般的な案件の協議の場で、①賃金や一時金に関する問題、②労働時間や定年制に関する問題、③退職金制度に関する問題、④経営方針や経理状況、生産計画に関する問題、⑤会社組織の変更や従業員の移動の問題がとり上げられる。

「中央労務委員会」では、労働条件や福利厚生に関する問題がとりあげられる。まず「中

## 表5-2　三菱重工株式会社の労使協議の仕組み

（会社）　　　　　　　　　　　　　　　　　　　　　（組合）

| 中央経営協議会 | 中央労務委員会 | 中央生産委員会 |
|---|---|---|
| ・賃金や一時金、会社組織の変更 | ・労働条件、福利厚生 | ・事業本部の運営方針 |
| ・労働時間や定年制度 | ・賃金規則、昇給制度 | ・安全衛生 |
| ・退職金制度 | ・旅費規則 | ・労働時間 |
| ・経営方針や処理状況化 | | ・生産能力や作業合理 |
| ・生産計画 | | ・生産計画・人員計画 |
| ・会社組織の変更、従業員の移動 | | |

（本社）　　　　　　　　　　　　　　　　　　　　　（本部）

・経営方針に関する説明・建議
・賃金労働時間等の労働条件
・人員移動、安全衛生等

（事業所）　　　　　　　　　　　　　　　　　　　（支部）

・事業所経営協議会等
・事業所に関する上記事項
・時間外労働運営委員会など

（本社）　　　　　　　　　　　　　　　　　　　　　（本部）

・部・課生産委員会
・部・課の生産計画
・職場作業環境改善など

備考　三菱重工　社会・環境報告書「従業員との関わり」2005. NO. 47による

央経営協議会」で賃金引き上げの水準が決定されたあと、従業員への配分の方法については、「中央労務委員会」で話し合われる。「中央労務委員会」は実施方法を賃金規則、昇進規則、旅費規則などとして決める。

「中央生産委員会」は、「中央経営協議会」で大筋を話し合った会社の経営方針や生産計画を職場で具体化する方法について、労使で協議する重要な場である。当然、事業本部の運営方針や会社組織の変更、安全衛生の問題、労働時間の問題、生産能率、作業合理化、人員計画など、たとえば事業拡大や縮小、それに伴う配置転換、一時解雇なども議題となる。

三菱重工の労使協議は、率直な感想では、経営者側の主導傾向が強く、会社や事業所の方針を職場までトップダウン式におろし、従業員の反応を見て、経営施策の参考にする性格が強いように思われる。それは同社の歴史的「労務協議会」の風習を引き継いでいるようである。労使が対等の協議の場をつくるためには、労働組合がもっと政策的に対等となる準備をする必要があるとともに、なによりも組織のあり方を根本的に改編しなければならないように思うのであるが、それは後述する。

会社側の説明によれば、労使協議会はその初期、一九五二年当時の不慣れの時期以外

## 図 5-4　三菱重工の従業員満足度
（5 段階評価のうち 3・5 ポイント以上が比較的良好である）

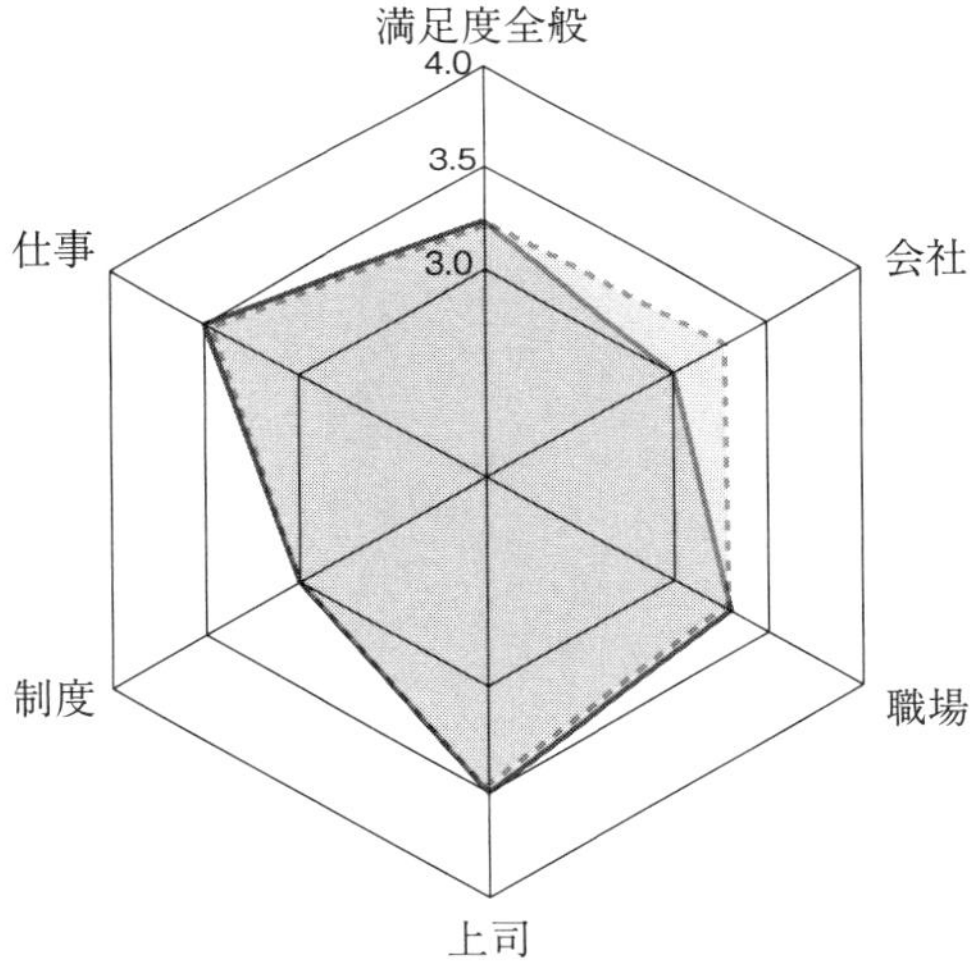


備考　三菱重工　社会・環境報告書 2005「従業員との関わり」47

には、労使の意思疎通に効果があって、大きい争議はおきていないという。

一九五二年というと、朝鮮戦争による特需が、三菱重工グループの労務管理に混乱をおよぼした時期である。まず朝鮮戦争の終結に伴って特需が減少した三菱重工労連は賃上げを要求し、中央経営協議会に協議を申し入れた。会社がこれを拒否したのでスト権を労連の中央闘争委員会に移譲し、波状ストに入った。会社側は社長、担当重役を交替し、賃上げは成功し、争議は、一応、組合の勝利に終わった。しかし、こうした労働組合の春闘方式に代表される賃上げ要求運動を客観的に見ると、結局、経済成長路線を労使が合意しただけのことであって、国民や利害関係者の意見が参考にされたわけではない。またその後の事業を通じて、企業の社会的責任を果たしたわけでもない。

その後、三菱重工傘下の造船所に労使紛争がなかったわけではない。その際、労使協議会で自主的にルールをつくって解決するというよりは、その解決を裁判所に委ねている。

たとえば、三つの例だけを挙げておこう。

① 神戸造船所事件　下請け企業の労働者の労働災害について元請企業は責任があるか（平成三年四月一一日）。判決――元請企業は安全配慮義務を負う。

② 長崎造船所事件　使用者にたいする経済的地位の向上と直接関係のない政治目的の争議行為は、憲法第二九条の団結権の保障に当たるか（平成四年九月二五日）。判決――当たらない。

③ 長崎造船所事件　作業服着替え時間は労働時間のなかにはいるか（平成一二年三月九日）。判決――労働契約、就業規則、労働協約などの定めにより決定されるべきものではない。着替えは業務の準備行為が使用者の命令下に置かれたものと評価されるべきである。

こうした職場でよく起こる事件については、司法の判決を仰ぐまでもなく、労使が良識をもって議論し、三菱重工の自主的基準を打ち立てることが、「労使協議会」の目的ではないかと考えるのである。

二〇〇五年、三菱重工本社は労組と共済で、会社、職場、上司、制度、仕事の五つのカテゴリーについて、五段階評価で従業員の満足度調査を実施した（図5―4）。

① 会社（経営方針・諸施策の浸透度など）については、三菱重工は他社より満足度が低い。

② 職場（チームワーク、コンプライアンス意識など）については、比較的良好で他社なみである。

③ 上司（リーダーシップ、信頼感など）については、良好で他社より優れている。

④ 制度（社員制度の理解、評価への納得度など）については、かなり悪い。

⑤ 仕事（やりがい、達成感など）については、比較的良好で他社なみである。

満足度の低い①会社の方針、施策の浸透については、会社は従業員とのコミュニケーションの向上によって、事業への参画意識、一体感を高めるとしている。

企業別労働組合において行われる労使交渉においては、労働市場が閉ざされた中で行われるから、経営者側は優位に立つことができる。労働条件の改善は、労働者の権利と言うよりも、会社の善意や温情によることになる。また労働者は従業員として、会社にそれを期待することになる。

労働者が自分の職能によって自立する人間の価値を身に付けるには、企業別組合よりも職能別組合ないし産業別組合のほうが適しているように思う。

## 4 中小企業家同友会の描く経営者像と労使関係

日本の中小企業での労使関係は、大企業のそれとは異なるようである。中小企業家同友会全国協議会（中同協、一九六九年創立）は、一九七三年の石油危機後の経済状況の悪化に直面したとき、経営者の責任を明確にするため、「中小企業における労使関係の見解」（一九七五）を内外に発表した。その改訂版（二〇〇〇年）から、経営者の労使関係観を、次に要約して紹介しよう。

(1) 対等な労使関係

労使関係とは労働者が労働力を提供し、使用はその代償として賃金を支払うという一定の雇用関係であると同時に、現代においてはこれを軸として生じた社会的関係でもある。

企業内においては、労働者は一定の契約にもとづいて経営者に労働力を提供するわけであるが、労働者の全人格を束縛するわけではない。契約は双方対等の立場で取り交わされるのがたてまえであるから、労働者が契約内容に不満をもち、改訂を求めることは、むしろ当然のことと割り切って考えなければならない。この意味で労使は相互に独立した人格と権利をもった対等な関係にある。経営者としては、労働者、労働組合の基本的権利は尊重するという精神がなければ、話し合いの根底基盤が失われ、正常な労使関係の確立は望むことができない。

しかし、以上のことは、経営者が企業の全機能をフルに発揮させて、企業の合理化を促進して生産性を高め、企業発展に必要な生産と利益を確保することに全力を傾注する、ことと矛盾するものではない。労働者は人格として対等であるが、企業の労働時間内では経営権の下における管理機構や業務指示の系統を、従業員は尊重すべきである。

(2)　労使関係における問題の処理について

中小企業経営者と労働者は経営内において雇用と被雇用の関係という点で立場が全くちがうわけだから、労使の矛盾や紛争がまったくなくなるということはない。

労働条件やその他多くの問題の処理については、労働組合のあるところでは団体交渉の場で解決することが原則である。団体交渉の内容方法は、労使双方の意識水準、歴史過程、全人格が投影されるわけだから、一定の公式はない。

つまらないことから相互不信を招かないような一般的な手法は必要不可欠であるが、基本的には誠心誠意交渉に臨み、経営者が労働者の立場、考え方、感情を理解しようとする姿勢が話し合いの前提になる。労働条件の改善について実行できること、必要なことは積極的に取り組む姿勢が必要である。

しかし同時に、ものわかりの良い経営者がイコール経営的に優れた経営者とはいえない。当面は不可能なことなどをはっきりさせることが必要である。

労使のコミュニケーションをよくすることは経営者の責任である。「当社の労働者は、ものわかりが悪い」と愚痴をこぼしても問題は一歩も前進しない。そのためには、労使間の問題を団体交渉の場で話し合うだけでは不十分である。職場内の会社組織やその他あらゆる機会をとらえて、労使の意思の疎通をはかり、それぞれの業界や企業のおかれている現状や経営者の考え、姿勢を説明すると同時に、労働者の意見や感情を出来るだけ正しく受け止める日常の努力が必要である。

(3) 労使における新しい問題

産業構造高度化の進展と、ぎりぎりまでの近代化、合理化の進行の過程で労働者の人間性回復の問題が登場する。

労働者の職業選択の最大の要素として「やりがいのある仕事」が第一位にランクされている。労働者の雇用の促進と定着性の問題を考えてみても、これは非常に大切である。労使関係には、ただ単に経済的な労働条件だけでは解決できない要素のあることを重視する必要がある。

労働は苦痛である面もあるが、労働者は「やりがいのある仕事」、労働にたいする誇りと喜びを求めていることも事実である。

技術革新の進む中で、仕事はますます単純化され合理化されるので、なおいっそう、労働者の労働にたいする自発性と創意性をいかに作り出していくかは、中小企業家の課題である。

(4)　労使双方にとっての共通課題

中小企業家がいかに企業努力を払っても、労使関係に横たわるすべての問題を企業内で解決することは不可能である。物価問題、住宅問題、社会保障問題、福利厚生施設問題などは、当然、政府や自治体の問題で、政治的に解決をはからなければならない問題である。中小企業をとりまく諸環境の改善をめざす同友会運動は、そこに働く労働者の問題でもあり、中小企業経営者と中小企業労働者は同じ基盤に立っていると考えられる。

一九七五年当時、中同協会長であった田山謙堂氏は、この「見解」を作成した経緯について、こう語っている。

「当時は、労働組合の指導それ自体が、今とかなり違っていて、たとえば総評は『中小企業家といえども、資本家である。大企業の労働者も中小企業の労働者も、労働者に違いはない。大きい、小さいの差はあるけれども、実際的には一緒である。従って組合の態度というものは、総労働と総資本という関係で考える』ということを、一貫して言っておりました。

ですから『労使関係は力関係である。だから力でもってストライキをするとか、団体交渉するとかさまざまな力を行使しながら自分たちの要求を勝ちとるということ以外に、自分たちの生活を高めることはできないのだ。また、それをやるべきだ』というような指導が、労働組合運動の中に一貫して流れている。そうしますと、中小企業の経営者にはそれに対する反撥と憎しみが当然ながら生まれてくるということで、企業の中でさまざまな混乱と感情的な対立、争議が繰り返し行われて、お互いに大変に不幸な状況が生まれていました。

ところが、自分たちの企業のなかで働いている社員、組合員たちは、中小企業の実態をよく知っているんですね。こういうことをやるべきではない、ということをよくわかっているが、全体で討議をする、また上部の指導となると、必ずしもそういう良識がなかなか通らない、それで、中小企業にふさわしい労使関係はどうあるべきかを、われわれ自身が考えて、それを労働団体や、政党に訴え、自分たちの考え方を貫いていく、そういうことをしないと、中小企業における労使関係はうまくいかない。どうしてもこれは避けて通れない。そういう状況が当時あったわけです(注1)」

注1　中小企業家同友会全国協議会『人を生かす経営――中小企業における労使関係の見解』(二〇〇五)

## 5　中小企業における労使のコミュニケーションの仕方

中小企業の労働組合の組織率の低いことは既に述べたが、企業単位で見ても、労働組合が無い企業が多い。全国計では「ある」が八・四%、「ない」が九一・六%(二〇〇〇年現在)という数字が、それを物語っている。中小企業の規模別にみると、従業員の規模が少なくなるほど、労働組合が減少する傾向があり、特に三〇人未満では急落するようである。また、非製造業の場合は、製造業よりその傾向が著しい(表5―3)。このため、中小企業の労働者は、賃金やその他労働条件において、労働組合のある三〇〇人以上の大企業の場合よりも不利な条件におかれていることは言うまでもないところである。合同労組や

表5-3　労働組合の有無（%）

| | 京都 | | 新潟 | |
|---|---|---|---|---|
| 労働組合の有無 | ある | ない | ある | ない |
| 1～9人 | 2.3 | 97.7 | 2.7 | 97.3 |
| 10～29人 | 5.1 | 94.9 | 8.1 | 91.9 |
| 30～99人 | 20.1 | 79.9 | 17.4 | 82.6 |
| 100～300人 | 37.9 | 62.1 | 37.0 | 63.0 |
| 製造業　計 | 110 | 89.0 | 15.0 | 85.0 |
| 非製造業　計 | 5.8 | 94.2 | 9.3 | 90.7 |

備考　京都は2000年現在、新潟は2003現在。いずれも当該府県の中小企業団体中央会調べ。

産別労組は、企業に労組がない場合、一人でも加入できることにして、未組織企業での不利を埋めようとしている。それはそれとして、労使が賃金などの経済条件についてばかりではなく、職場環境、製品、技能、経営など「やりがいのある仕事」についても協議できる労使関係を築くには、どのような仕組みが必要であろうか。

次に、中小企業での労使交渉の実態について、独立行政法人「労働政策研究・研修機構」の事例調査(注2)からいくつかを取り出し、その要点を紹介しよう。紹介する事例は、その社長が中小企業家同友会の会員である企業である。

### (1)　ある出版社

これは紙芝居、児童図書の出版社である。創業五〇年の株式会社であるが、特定株主が支配力をもっているわけではなく、社長が経営のリーダーシップをとっている。社長は一般社員として入社し、編集畑で実績をあげ、役員会で三代目社長に推された。経営理念は「すべての従業員と力をあわせ、働き甲斐があり、よりよく能力をのばし、よりよい将来を期待しうる会社をつくるために努力して、中小企業にふさわしい労使の民主的相互関係を築きあげる」としている。

従業員は二十数人で、その八割は勤続年数の長い男性正社員である。他は女性の派遣社員で、営業関係の電話受け付け、受注の入力、編集補助のなどの仕事をしている。

労組の結成は一九六〇年代である。動機は低賃金で残業手当のない状態の改善にあったようで、印刷・出版関連産業の産別組織に加盟している。

労働組合と会社との話し合いは、団体交渉で行い、重要な場面では「全員団交」の形をとることになるので、経営協議会や労使協議会はない。団体交渉は、一時金をふくむ賃金、時間外労働はもちろん、人事異動、組織改革、育児介護休暇、定年延長・再雇用、昼休憩時の電話番などについても行われるので、年間二〇～三〇回と多い。団体交渉では、経営方針や計画を議題とすることはない。賃金・一時金などの交渉の際に、会社が組合に経理を説明することがある。

経営方針や計画にかんしては、会社の役員会が素案を作成し、年に二回行われる「全体会議」で社員に発表される。経営計画については社員が意見を出し、計画が修正されることもある。計画の実行は、各部署の管理職を中心に進めていくことになる。

## (2) (株)千代田エネルギー

千代田エネルギーは旧ゼネラル石油の第一号特約店として一九四七年に設立された。ガソリンスタンドの経営がメインの事業で、東京を中心に二一のガソリンスタンドを開業していたが、現在は九カ所に統合している。そのほかに一般石油製品や自動車および関連付属品の売買、損害保険・生命保険代理店なども営業している。

従業員は八〇人、うち正社員は二六人ですべて男性である。非正社員としてアルバイト五四人(男性三八人、女性一六人)を雇っている。部門別の配置は、ガソリンスタンドが六七人、総務・業務、営業部門が一三人となっている。

経営理念は、

① 働き甲斐のある会社で、そのイメージは次のとおりである。

ア 長期間にわたって勤められる会社

イ ライフステージにあわせた給与が保障されている会社

ウ 自分の得意な能力が発揮でき、自己実現ができる会社

エ 未来に夢と希望のある会社

② 顧客第一主義

### ③　限りない挑戦

そのなかで①の「働き甲斐のある会社作り」が最も重視されている。

労働組合は一九七六年に結成された。それは、分離独立を画策した専務を社長が解任し、それを機会に幹部が辞めていったことに端を発している。会社にたいする信頼感が揺らいだ社員たちは、自分達の長時間労働、世間以下の賃金を見直し始め、全国一般（全労連系）の支援を受けて、労組を結成した。

労働組合が結成されてから一年後、会社は経営計画をたてる泊り込み会議を行った。終了後の雑談の折、社員が言った本音の声が、会社を立て直すのに大いに役立った。社長に向かって吐いた本音とは、次の三つである。

「うちの会社は規律が悪い。遅刻が多い、無断欠勤する奴がいる。規律をわるくしたのは、社長、あんたがだらしないからだ」

「うちの会社は一貫性、継続性がない。目標を決めてうまくいかないとまた新しい目標を立てるなど方針をころころ変える。方針を決めたら石にかじりついてでも頑張る。実現するまでみんなで努力する、そういう一貫性がない」

「うちの会社は総括が下手だ。目標がうまくいかないとなぜいかなかったか、うまくいった場合にはなぜうまくいったか。そういう失敗や成功の原因を明らかにして次の仕事に生かすという総括をきちんとやっていない」

社長は、この「規律がない」、「一貫性がない」、「総括がない」の「三無」を「三有」に変えることを、経営計画に活かした。その結果、業績はみるみる好転したし、労使の信頼関係が深まった。給与が改善されたことはいうまでもない。

仕事の仕方も変った。働き甲斐のある仕事は、ガソリンスタンドの運営に現れた。この社の各ガソリンスタンドの運営を所長（労組の組合員）に任せている。各営業所は予算、売上げ計画、経常利益計画を営業所ごとに作成し、ガソリンの価格、洗車代、オイル交換代などの値段を独自に決め、独立採算制をとっている。クリスマス商戦の飾り付けも、店ごとに独自に考案している。営業時間の設定も、正社員、非正社員の意見を聞いて、それぞれの営業所で独自に設定している。

アルバイトから登用される準社員（勤続一年以上の者）は、本人の希望により、健康保健、厚生年金に加入でき、また会社が必要と認めたときは、独身寮に入寮することができる。

### (3)（株）大橋製作所

大橋製作所は携帯電話やパソコンなどの電子部品を基板に取り付ける情報機器メーカ

ーである。同製作所は、ＩＣやフレキシブルプリント基板を特殊フィルムで接続する実装装置について固有の技術をもち、その分野では世界市場の二〇％を占め、世界のスタンダードになることを目指す企業である。会社には労働組合はない。そのような技術開発型企業では、どのような社員参加の方策をとっているか。

この会社の創業は、先代が大正時代、芝高輪で工場を作った時にさかのぼる。一九三八年に本社工場を大田区に構え、板金の受注加工を営んできた。現社長は、電気工学を大学で履修し、卒業後は他社に勤務したのち、一九五九年以降、創業者のあとをついだ。一九七六年に、中小企業の集積する大田区東糀谷に工場を新設して、社内に技術部を設け、自社の製品開発に着手した。そして、石油危機後、大手企業の人員削減で辞めた技術者を中途採用して、電子機器の設計や製造の受託開発に乗り出した。

同社の中核事業部は二つからなっている。一つは自社製品の精密機械―実装装置―を作る機器事業部である。機器事業部は技術開発が主要な仕事であるので、従業員三五人中、理工系の大卒者が大部分を占めている。他は精密板金加工や電子機器などの開発・生産を行うメタル事業部である。ここの従業員は四五人で四五～五〇歳の中高年の職人が多い。社員の身分構成では、正社員が五八人、非正社員が二六人（パート一五、派遣五、契約六人）である。契約社員とは、定年後も働いている人で、意欲のある人、特別の専門のある人は七〇歳を越えても働いている。

社内での社長と従業員との人間関係は、事業部の性格によって、幾分の違いがある。機器事業部は歴史が浅い上に、デジタル社会で育った人が多いので、感性が現代的で、黙って仕事をする傾向がある。メタル事業部では、気心が知れていて、意思疎通も円滑にゆく。

大橋製作所では一九七〇年代にパソコンが急速に普及しはじめ、経営管理を科学的にする必要が生じたことから、近代的な会社を目指すために、全員参加で経営計画を作る方策がとられるようになった。それは三つの段階からなっている。
(1) 社長の年頭（経営）方針　社長が新年に年頭方針を発表する。年頭方針は「経営理念と基本方針」、「経済情勢」、「今後の展望」からなっている。
(2) 事業部の方針　(1)の年頭方針に基づき、事業部ごとに全従業員が参加して、事業部の方針を策定する。
(3) グループごとのアクションプラン　上の二つによって抽出された現場の課題について、年度末の三月に全従業員が週末に泊り込みで集中的な議論を行って、アクションプランをまとめる。
アクションプランは各グループで実行される。各グループは毎月全員参加で総括を行い、その結果は各事業部長から社長以下の幹部が出席する会議で報告され、場合によってはアクションプランが修正される。要するに、経営計画はフィードバックされる仕組みになっている。

もうひとつ、重要な会議がある。それは生販会議である。生産と販売管理のため、生産、営業について前週の総括で生じた問題とそれへの対応の会議が、週一回おこなわれる。この会議は、社内で実質的に仕事の要になっている、入社七〜一〇年のグループ・リーダー、サブリーダーが参加する。

この会社には、社員の苦情や不満を吸い上げる特別の仕組みはない。毎週一回開かれるグループミーティングに問題が出てくるため、その場で解決が話し合われる。本来は管理職が従業員の不満やモチベーションを把握すべきであるが、中小企業では管理職は忙しいので、役員のなかで比較的に自由のきく人間が、それを補う必要があるという。実際、この会社では社員の入社経歴が多様であるため、労働組合が組織される気運が弱い。その分、社長以下の経営幹部、管理職が労働条件の改善に積極的に対応しているようである。

経営計画の問題の一つは、国内、海外からの顧客の多様なニーズなど、外部環境の変化への対応を主眼にした計画では、その実施にあたって、社員の残業、土日出勤、家庭生活の無視など、社員の生活・労働条件を犠牲にするものとなる。それを反省し、労働条件を一定レベルに保つことを前提にした経営計画をつくり、その上で可能な範囲で外部環境の変化に対応する方針への転換を試みようとしている。これは企業自身において、経済優先から生活優先へ転換しようというもので、業績の好調に支えられる余裕とはいえ、平素から火急の需要にも対応できる体制を築くという、極めて大胆な発想である。今後の実践結果が注目される。

注2　ＪＩＬＰＴ資料シリーズ　第一六号『中小企業における労使関係と労働条件決定システムの実態――ヒヤリング調査報告』（二〇〇六）

## 6　労使協議制の行方

労働者と資本家は、本来、対等の関係にあるべきである。御承知のように、労働組合法では、労働組合に使用者またはその団体と労働協約の締結について、交渉する権限を与えている。労働協約の範囲は労働条件その他にかんする事項となっており、労働条件については明確であるが、労働条件に関係のある経営計画に協議が及ぶかどうか、またその範囲については、法的には規定がない。資本家が経営権を主張して、協議に同意しないことも可能であって、労使協議の範囲については曖昧である。

労働協約を締結できるのは、企業に労働組合がある場合であって、ない場合には締結できない。労働協約による団体交渉は、特に大企業の場合、目の前にある賃金や労働条件にかんする要求の処理が中心的関心であっても、その背景にある企業の経営計画や事業計画、さらに国レベルでの雇用政策や産業・経済政策、環境政策などとの関連について、労働者代表と資本家代表が掘り下げた理性的検討を行う場が用意されてはいない。

労働者の経営参加については、一九七〇年代から八〇年代にかけて、ドイツの共同決定法の影響によって、日本でも関心が高まった。その後、九〇年代以降、企業の合理化競争の激化と労働組合の衰退とともに、全般的に低調となった。しかし日本には、中小企業家同友会の会員企業のように、新しい日本的労使関係の創造を目指す地道な努力を続けている例が、全国に少なくない。日本には日本に適した、労働者が企業の運営に参加し、また資本家が労働者の人間としての権利を保障する方法があるはずである。

労働組合の組織体制を前提として、現実的な労使協議制を検討しよう。労使協議は、職場から積上げて、グローバリゼーションにたいする労使関係の在り方にいたるまでの課題を抱えている。

第一段階は、職場での労使協議である。職場の労使協議は、労働条件と企業の事業との関係が主題となる。

企業別労働組合は職能別あるいは産業別組合と比べて、一見、労使協議に適するごとく思われるが、必ずしもそうではない。企業別組織では、解雇されれば行き場がない閉鎖的な労働市場であるから、雇用にかんしては、買い手である資本側が売り手の労働者にたいして優位に立っている。また、経営計画については、通常、トップダウンのかたちで職場に提示されるから、労働組合は受身になるのが普通である。労働組合のなかには、経営計画について協議することは、労働組合側も結果について責任を負うことになるとして、同じテーブルにつくことを忌避する傾向がある。また労組の活動家や役員が、企業の経営計画の討議に適任であるとは限らない。また経験年数のすくない単能工は数が多くても、経営計画や事業計画について、有効な意見をのべることができるとは思われない。

職場で労働条件と事業との関係、たとえば、新しい事業の開始にともなう従業員の配置転換にかんして、正社員や社外工など個人の適性や能力、家庭事情などの問題を原則的に論議するには、企業別組合幹部や産業別労組の単産役員ではなく、職場のグループ・リーダーの方が適している。

私は戦時中、学徒動員で、三井造船所の機械工場の切削（ミリング）の職場で働いていた。そのときの経験では、職場で工員に技能を教え、仕事の段取りを進めることのできるのは組長であった。このような組長は旋盤（レイス）、穿孔（ドリル）それぞれの班におり、また鍛造、クレーン、焼きいれ、検査など、どの班でも組長がいて、職場作業の進行を統括している。

役所の職場では、新規採用から七～八年を経過した係長がグループを統括している。このクラスが職場の中核であって、トップダウンで降りてきた経営・事業計画と現場の実体を繋ぐ接点となる。日本は教育水準が高いから、若いかれらはこの課題をこなす能力が十分ある。労使協議制は、現場の職能リーダーたちの意見集約からはじまるのである。そしてこれらの多様な職場班を一つのプロジェクトに結合したものが、協議単位となるべきである。

第二段階は、単独の事業所を越える共通課題が労使協議の対象になる。企業と企業の間、複数の企業で共通の問題、産業レベルの問題について、労使が協力しつつその問題解決についての役割を検討するのが労使協議である。当然のことながら、たとえば企業の環境問題、地域貢献などの社会的責任も協議の対象にすべきである。

たとえば工場の安全運転の問題、製品や食の安全問題、産業廃棄物の処理問題などは、地域社会が重大な関心をもって注視している問題である。労働組合と会社が罪をなすり付け合う問題ではなく、内部告発も含めて、両者が協力しあって解決すべき課題である。しかもこれは、第一段階の生きがいのある職場作りの労使協議とも関連するところであって、この二つの段階は相互にフィードバックされなければならない。

こうした企業社会の問題の背景には、事業のアウトソーシングや不正規社員の増加、事業部の海外移転、外国人労働者の雇用などさまざまな労働問題がある。ことに若者の雇用の必要性と社員の定年の延長要求、また労働のワークシェアリングによる時間の平準化と労働の専門化による質の確保は、個々の企業では自己矛盾を抱える難問である。これらの諸問題に対処するには、労使が協議して、地域レベルで、解雇者の再雇用や自主生産による仕事づくり、失業者の救済策を地道に講じる必要がある。

これは、企業の経営者側よりも労働組合側のほうが提案しやすい課題である。第一段階の中堅的職能代表、職場代表が、企業を超えて横の連携を積極的に推進する体制を築くことができれば、企業別組合においても職能別労働組合的な組織をもつことができる。このような組織形態に移行することで、企業別組合ないし産業別組合が、地域社会の問題に取り組むことのできる労働組合となるであろう。

第三段階は、第二段階の労使協議の中で、民間労使による自主解決のほかに、政府の支援や新しい制度についての協議が対象になる。たとえば、成熟した社会では、労働の価値観の多様化に対応して働き方も多様化することが、労使の共通認識になっていると思われる。若者のニート化や家族の少子化や高齢者の就業は、単に賃金の問題だけではなく、労働の価値観が変化したことの反映でもある。労働力を確保するには、労働の価値観の変化を考慮した生涯労働の計画を設定し、生涯所得政策――社会的有用労働にたいする「基本所得」と能力や貢献度に応じた賃金と年金、保険金などを合算した総合的所得保障政策とすべての国民がそれを参考にして選択的に仕事をすることの支援――を考案する時期にきているのではなかろうか。

グローバリゼーションの時代の労使協議には、当然、貿易の自由化や企業の海外移転や合併・買収などによる労働者のリストラなどが重要なテーマになる。労働組合団体と経営者団体はそれぞれのシンクタンクをもって、たとえば、ニートの問題や定年退職者の第二の人生の問題、高齢者や女性、障害者、外国人など不利な立場にある労働者のディーセント・ワーク（人間としての尊厳のある働き方）の問題について、代替案や救済策を提出しながら、展望のある解決に導く責任がある。

# 第六章

# 労働者自主生産と協同組合化の道

一九七〇年代以降、労働組合運動のなかで「労働者自主生産」の運動が起きてきた。それは、一九五〇年前後の「生産管理」闘争から、さらに一歩前進した段階の戦いであった。というのは、労働者自主生産では、生産設備や機材など生産手段が、暫定的にせよ、労働組合の事実上の支配下におかれ、組合自身が生産事業を実行し、その生産物を販売するという労働者自立の経営体制に移行しているからである。

こうした生産体制は、資本家から労働組合への経営権の禅譲によって平和的に実現するケースは希有であって、通常、労働争議と企業倒産が契機になる場合が圧倒的に多い。

第一次石油ショック後、一九七四（昭和四九）年に企業倒産は、一万件を越えるようになった。それから一〇年、一九八四（昭和五九）年まで、倒産企業がうなぎのぼりに増え、同年には二万件に達した。それ以後のバブル景気で倒産が減少したが、バブルがはじけた一九九〇（平成二）年以降、再び増加し一万四〇〇〇件をこえるのが常態になった（図6—1）。

企業倒産には次のような共通した原因があった。①オーナー企業の二世経営者が経営者の資質を欠いている場合、②技術革新を怠り、需要の変化や企業競争に対応できなかった場合、③好景気時の安易な過剰投資、④同業者との過当競争に敗れた場合、⑤自由化によって海外からの安い商品の輸入圧力に対抗できない場合などである。

図 6-1　企業倒産数の推移

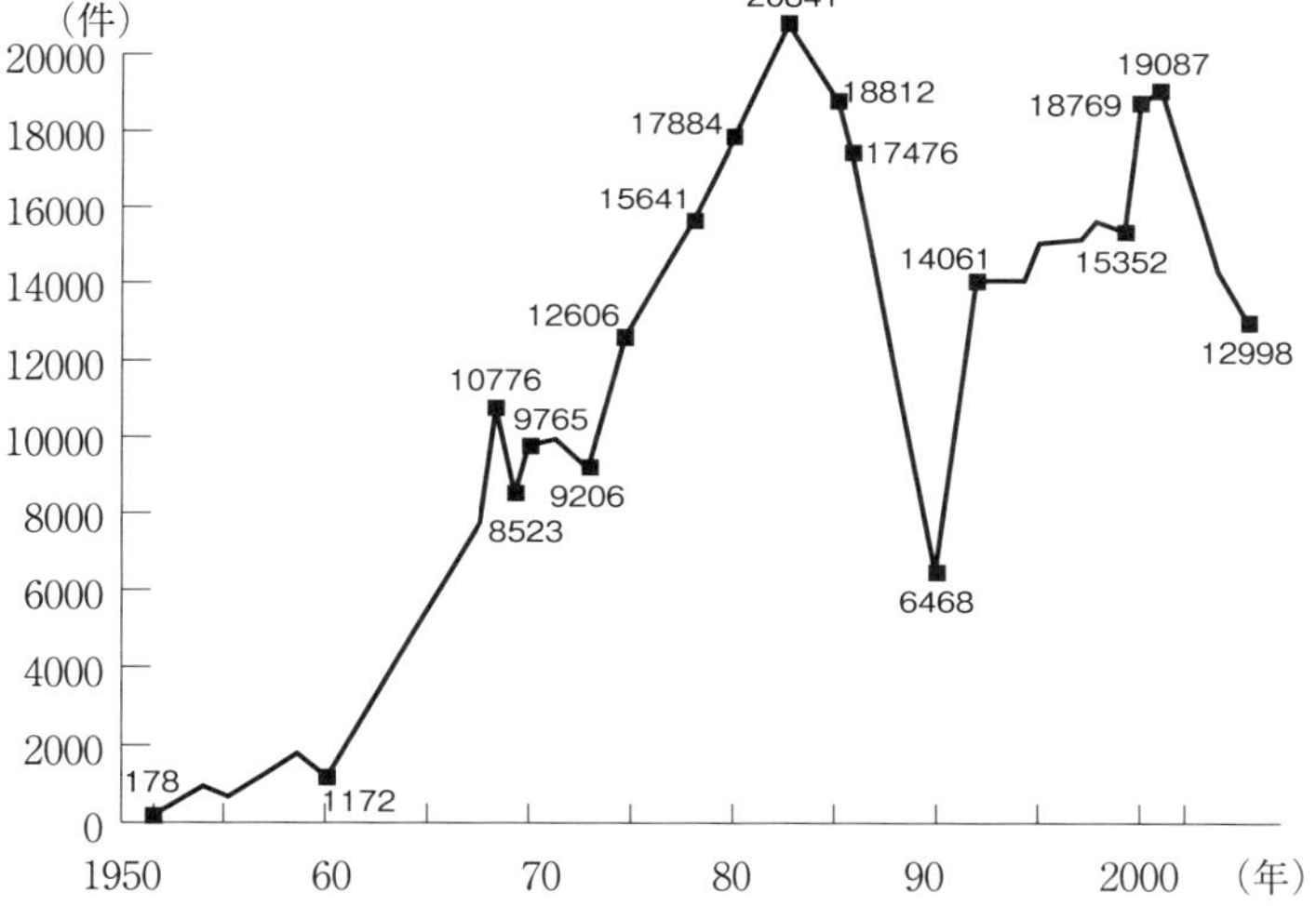


備考　東京商工リサーチ調べ

準共同体的企業体制を続けてきた日本企業は、一九七〇年代半ば以降の低成長経済に直面して、過剰就業を整理する必要に迫られ、「賃金切り下げ」、「残業の規制」、「配置転換」、アルバイト・臨時雇用など「非正規雇用」の採用、「外注」など様々な方法をとるようになった。さらに人員削減の必要に迫られた時は、「希望退職者の募集」を行い、それでも不十分のときは「指名解雇」の方法をとった。そのほかに、「工場閉鎖」による大量解雇の方策をとることもある。一九九〇年以降は、グローバリゼーションの影響を受けて、後者の大量解雇の道をドライに選ぶ傾向が出てきた。

経営者側のこれらの「合理化」策にたいして、労働組合は団体交渉を申し入れ、協議が整わなければ、労働争議に移行するが、労使交渉が決裂して、長期のストライキに入るような場合、経営者側が倒産を申し立てる。破産宣告までの間に、労働組合が労働債権の確保を主張することによって、労働者自主生産がはじまる。これには、二つの道がある。

(1) 労働者側が解雇撤回を要求、あるいは会社再建を目的として生産を続けるもの

(2) 労働者が会社への復職に見切りをつけて、自ら労働者生産協同組合あるいは会社を起こすもの

この二つの道は、入口から途中までが同じであるが、出口が異なるので、事例によって検討しよう。

## 1 企業倒産による労働者自主生産

### (1) 三井三池闘争とは何であったか

三井三池の炭鉱争議は労働者自主生産の事例としては適当ではないが、労働争議は手段であって目的ではないから、労働者にとって争議の成功とは何かを確認するために、検討の俎上に上げよう。

三池炭鉱労組は一九四六年に結成され、当初は労使協調路線がとられていた。しかし一九五二年に三池炭鉱主婦会(注1)が結成された頃から、職場労働者による保安委員会が組織され、労組自身が保安確保と完全雇用制度の実現をめざして、活発な活動を展開するようになった。そして協定に「保安優先」を明記させ、事実、労働災害による死者が毎年二九人あったのが、五九年にはゼロにまで減少した。このような情勢のなかで、一九五三（昭和二八）年と五九～六〇年の二回にわたって、激しい労働争議が起こった。

第一回の一九五三年の争議は、エネルギー需要が石炭から石油に変わる転換期であって、三井鉱山は経営合理化のために希望退職者を募った。しかし予定数に達しなかったため、会社は三四六四人に退職勧告を出し、それに従わない二七〇〇人を指名解雇した。三井鉱山は安全面などで労働者の基本的人権への配慮がすくないとの不満が、以前から労働者側にあった。炭坑の安全保障を危なくする大量解雇にたいして、現場労働者と事務系職員がともに反対し、ストライキは一一三日の長期に及んだ。

会社は指名解雇を撤回し、争議は一応の目的を達成した。これを機会に労働組合は、労使協調路線から労働者の自主管理路線に転換した。労組の左旋回には、向坂逸郎（九大教授）教室の研究生や学生の影響があった。この時期、職場労働者たちは、かれらの労働収入を平均化するために、生産性の異なる鉱区を労働者の自主的な輪番制で請け負う制度を考案した。このような輪番制は、農山漁村の共有採草地や漁場では、平等を期すために古来しばしば採用される庶民の知恵である。三池の労働者が、石炭という共有資源について、差額地代（豊度の違う土地の独占的利用から生じる収益の相違）に基づく市場原理にたいする修正の方法を案出したことは、注目すべき成果であった。

しかし、争議の勝利によって現場労働者が増長し、事務系職員を軽んずる傾向がでてきたため、事務職員が組合運動から遠ざかるようになったという。これは見過ごすことのできない弱点である。

第二回目の一九五九～六〇年には、会社の反攻が始まった。日経連と三池炭鉱の会社側は、炭鉱経営の「合理化」を口実に、六〇〇〇人の希望退職者の募集と会社再建案を発表した。そのなかには保安闘争の活動家を含む指名解雇一二七八人があった。経営権をおびやかす「革命の芽を双葉のうちに摘みとるため」（日経連前田専務の言葉）であった。これにたいして労組は無期限ストをもって応戦した。財界が三井三池を全面支援する態勢をとり、総評も三池炭鉱労組を支援した。「総資本対総労働の対決」と言われたのはそのためである。しかし、一九五〇年三月には、苦しい生活のために、労働者の半数が闘争から離脱して、第二組合を作ったし、労組に反感をもっていた事務職員はストライキに参加しなかった。

一九六〇年一一月、炭鉱労働者の戦いの力が尽き、炭労と総評が中央労働委員会の斡旋案の受諾を承認して、無期限ストは解除された。その斡旋案は、会社は指名解雇を取り消すかわりに、指名解雇された労働者は自然退職するという内容であった。労組がこれを受諾することは、あきらかに労組側の敗北であった。「労働によって生きる権利」としての安全管理は実験に成功したが、労働者自主生産は実現しなかった。

敗北の原因は、資本側の経営権奪還のための強引な攻撃（組合の分裂工作や警官隊の導入）によるものではあるが、同時に、労働側も外部支援団体を混じえて、無統制なピケ行動を採ったことによると思われる。一般に争議が始まると、敵対関係は止めどもなくエスカレートするのは常態ではあるが、もし第一回目の争議の終息後、総評が三池の職場労働者の主体性を尊重して、炭坑の安全管理を確保し、鉱山に緑を回復し、緑のなかでの人間性を尊重した新しい産業の創出に向かっていたとしたら、事態は恐らく変わっていたであろう。(注2)しかし、争議の終結後も、総評は「長期抵抗路線」を提唱し、それはやがて国労闘争まで引き継がれて行くのであった。

第二回の争議から三年後、一九六三年、果たせるかな、三井三池炭鉱に炭塵爆発事故が起き、死者四五八人と一酸化炭素中毒者八三九名を出した。炭塵爆発の被害を受けた坑内夫本人と家族の生活は悲惨であった。被害者遺族が、炭塵爆発の原因究明と損害賠償を求めて、裁判提訴を起こしたとき、三池労組は会社との「信義則」を盾に、提訴者たちを「モノ取り主義」と批判して認めようとしなかった。組合は後に被害者遺族の提訴に同調したが、会社との和解を優先させたという。

結局、三井三池炭鉱は一九九七（平成九）年、閉山した。鎌田慧氏は言う。「閉山によって、膨大な死者と膨大な遺族と膨大な患者と膨大な労働者とその家族が棄てられた。それでもなお、三井三池に栄光があった、といえるであろうか」（注3）と。

注1　主婦会については、野村かつ子著『わたしの消費者運動』（緑風出版、二〇〇三）第三章を見よ。

注2　一九八五年七月中曽根内閣は、国鉄を六地域に分割民営化する方針を打ち出し、労組員九万三〇〇〇人の整理に着手した。国鉄労組は解雇反対闘争を続け、八九年六月、国労本部は和解による決着の道を選んだ。ＪＲへの採用を拒否された一七〇六名は、共同労働によって食品加工などの自主生産を行いつつ、解雇撤回・ＪＲ復帰の闘争を続けている。

注3　鎌田慧『いま非情の町で』（岩波書店、一九九八）一四一頁

### (2)　ペトリ・カメラの自主生産――キャノンとの比較

ペトリ・カメラは日本のカメラ工業の草分けとも言える古い歴史をもっていた。その前身、栗林写真工業は一九〇七（明治四〇）年に木製三脚や暗箱の製作をはじめた。カメ

ラメーカーとしての創業は一九一九（大正八）年である。

第二次大戦中は、国策に従って、軍用カメラを製造した。戦後、カメラメーカーが一斉に復興し、一九五五（昭和三〇）年には一二〇社にものぼったが、その大半は四畳半メーカーと呼ばれる小規模な町工場から出発した。栗林写真工業は一九五九（昭和三四）年に一眼レフ、ペトリペンタを出し、そのほかに小型のペトリカラー三五を発売した。それは、ニコンのカメラと機能は同じで価格は半値であった。良い製品を廉価に販売する営業方針によって、世の注目を浴びた。

戦後の日本のカメラ産業は一九八〇年代までに三度の転換期を経過した。

第一回は一九六〇年ころ、一眼レフとレンズ・シャッター・カメラの開発で、それまでのドイツの模倣から脱却した。

第二回は一九七六年頃で、日本の独自技術によるカメラ機構の電子化である。（注3）

第三回は、デジタル・カメラの登場である。

ペトリ・カメラは第一の転換期には、その大衆路線的販売戦略で脚光を浴びたが、第二の転換の波を乗り越えることができなかった。これから述べるのは、ペトリ・カメラ労働組合の自主生産についての評価である。

栗林写真工業は、東京都足立区梅田に本社、埼玉県杉戸町に工場があって、従業員が六〇〇人（うち総評全金労組加入組合員一三〇人）が雇用されていた。当時のカメラは、レンズ、シャッター、ボディーなどの部品を手作業で組み立てていた。一九五七年一月に、二つの要求をめぐって、労使紛争がおきた。

① 二〇〇〇円のベース・アップ要求

② 二名の解雇と四名の配置転換の取り消し

労使交渉が不調におわって、二月に争議に発展し、労組組合員は二階に座り込みを続けた。労働委員会が斡旋中に、西新井署の警官がこれを実力で排除しようとして、事態はいっそう紛糾することになった。

実際、栗林写真工業では、製品の低価格販売のつけが、従業員にしわ寄せされていた。低賃金の上、便所の施設が従業員の規定数に足りないなど、労働環境が悪かった。そして新製品を売り出した重要な時期に、労使紛争が長引き、同社の経営に悪影響をおよぼした。

一九七三（昭和四八）年、二代目栗林敏夫社長の無軌道な経営によって、同社は倒産にむかって進んでいった。すなわち、七三年に、同社は栃木県黒羽町に新工場を建設するため、中小企業金融公庫から五〇〇〇万円を借り入れたが、建設後、これを弟の経営する黒羽光学株式会社に三五〇〇万円で売却した。また、再建について労組と交渉中に、ペトリ・カメラのブランドをスイスの協力企業、フィンカメラ・エス・エ社に譲渡してしまった。

会社は一九七七（昭和五二）年一〇月一日、一一日の二回にわたって、不渡手形を出し、会社整理手続の開始を東京地裁に申し立てた。そして小口債権者に債権の弁済をおこなったが、一〇月一四日、（株）東巧精器ほか五八社が破産申立を行った。これにたいし、総評全国金属労組東京地本ペトリ支部は、一〇月四日、労使協定を結び、①労使双方とも再建に努力する。もし経営が不能に陥ったときは、会社の工場施設を労組が利用して生産活動をすることを保障する。②退職金については三倍支給する。その債権確保のために、会社所有の動産、不動産の所有権を移転することを約束させた。一九七八年一月、会社の破産宣告が出された。

全金労組ペトリ・カメラ支部は、残った一五〇名で労働者自主生産によって企業を存続させる方針を固めた。そして自力で新機種、ポケットズームカメラの開発に成功し、七九年五月から三五ミリ一眼レフＭＦ１の生産を開始した。そして輸出検査に合格し、労組による輸出が行われた。他の労働組合の支援もあり、自主販売のための出張即売会も各地で行われた。倒産以前の会社のメーンバンク東京銀行との債権交渉に時間がかかったが、八〇年三月、東京地裁民事部で最終的和解が成立した。その内容は、次のとおり。

(1)　企業再建については、別会社発足を認める。労働債権、未払い賃金の全額を労働組合に支払う

(2)　新会社の埼玉県杉戸工場を売却し、東京本社工場は破産財団に入れて財団が売却する

(3)　解決金、再建資金、運転資金を支払うというものであった（注5）。

そして労組委員長が社長となり、新会社、ペトリ工業株式会社として再出発した。しかし八〇年代には、すでにキャノンなどの有力カメラメーカーが大衆向けの小型のオートフォーカスカメラを発売し、カメラ愛好家の人気を得ていた。ペトリの製品は旧式カメラになってしまっていた。その上、新機種開発の資金も技術力もなかった。新会社はカメラ生産から撤退し、活路を、杉戸工場での望遠鏡の製造に求めることになった。

ペトリ工業株式会社の新発足にあたって、想起するのは、同じカメラメーカー、キャノンの創業の場合である。一九三三（昭和八）年、カメラ愛好家で映写機やカメラの製作マニヤの吉田五郎とその縁者で証券マンの内田三郎が、東京、六本木の木造アパートの一室を借り、ドイツの三五ミリカメラ、ライカを目標にして、「精機光学研究所」を起ち上げた。そして一九三七（昭和一二）年、「精機光学工業株式会社」を設立した。そのとき、奇縁で監査役になり、創業に力をかしたのは、まったく素人の国際聖母病院産婦人科部

長の御手洗毅（一九〇一～八四）である。太平洋戦争がはじまると、専務の内田が外地に出たので、トップが不在になり、社員の懇請で御手洗がやむなく社長に就任したのは一九四二（昭和一七）年である。

御手洗社長が最初にしたことは、当時の日本では普通であった、社員と工員の区別の廃止である。社員と工員は、工場の出入り口が違っていたほどである。御手洗は昭和一八年、戦時下に月給制を導入し、「工員」を廃止した。工員は出来高払いなので、仕事の奪いあいが生じ、技能伝承に難点があったからである。その頃、かれの病院は戦災で焼けてしまったので、御手洗はカメラ業に専念することになった。

戦後、一九四六年二月、再出発した。御手洗はカメラ製造における技術の重要性に着目して、ニコンや旧海軍の余剰になった技術者を積極的に採用した。技術と人間の関係では、戦時中に行った月給制の導入に修正を行った。理想主義的な月給制は、時期尚早であることに気づいたからである。出来高で高所得を得ていた腕の良い職人には、月給は収入を減らす結果となり、退社する者もあった。月給で生活が安定すると、怠けてしまう工員も出てきて、生身の人間の弱点がさらけ出された。それを反省した御手洗は、戦後の再出発では奨励給に変えた。

敗戦直後、戦争と生活の体験が異なる労働者を一つにまとめることは、企業の第一要件であった。かれは、多様な個人をまとめるには、従業員組合が必要であることを認め、その結成を支援した。そして永年勤続者表彰の制度を設け、また従業員の持家を促進する住宅組合を設立した。一九五〇（昭和二五）年には、会社の収益を株主、経営、労働で分ける「三分配制度」を実施した。かれは「従業員がキャノンで一生を過ごして本当によかったと思ってくれる会社にしたい」と常に語っていた。当時のカメラの製作技術では、職人が部品を一つずつ手作業で削って調整しながら組み立てていた。かれは、作業を標準化するために、図面から考案しなおした。かれは、しばしば、G・H・Q（Go Home Quickly―早く家へ帰れ！）の言葉を唱えたという。（注6）これらの改革は御手洗の家族主義的人間性尊重の企業観に由来すると見ることができる。そして日本的な労使関係を創ることに成功した。

話を再びペトリ工業株式会社に戻すが、労働者自主生産を始めた時、一呼吸おいて、工場における組織と人間の哲学を確認しながら始めることがあっても良かったのではなかろうか。そうすれば、労働者協同組合に前進する気運が生まれたかもしれない。

注4　寺畑正英「同質的企業行動と経営資源蓄積メカニズム」（『経営論集』第六一号、二〇〇三年一一月）
注5　法政大学大原社研『日本労働年鑑』第五一集

注6　キャノン『歴史館　キャノンカメラ史（一九三七〜一九四五）』による。

## (3)　渡辺製鋼所──労働者による「金剛丸」の竣工

一九二六（大正一五）年、渡辺了武が羽田空港の敷地造成を請負って、「臨海土木工業所」を創業した。この会社は埋立てや港湾工事を行う企業であった。かれは従業員養成のために「工学舎」を設立し、のちに専門技術者育成のための育英財団をつくった人物であった。かれは昭和七年七月、「臨海土木工業所」の機械部門を分離独立して、「渡辺製鋼所」を創立した。

渡辺製鋼所は羽田空港の近くにあって、ポンプ浚渫船の専門メーカーである。戦後の日本が世界第二の工業国に急成長したのは、輸送船がじかに接岸できる臨海工業地帯という新型の工業立地を創造したことによるところが大きい。そしてこれは港湾建設と浚渫技術に負うところが極めて大きい。工業の高度成長につれて渡辺製鋼所も大きくなった。資本金は一九三六（昭和一一）年には一〇〇万円であったが、一九七三（昭和四八）年には当初の四五〇倍の四億五〇〇〇万円になった。その増資分の七〇％は、大阪商船三井船舶、三菱重工、三井造船、住友重機の四大会社で占められていた。ポンプ浚渫では、世界の三つの指にはいる渡辺製鋼所は、まさに独占資本の手中にあった。

一九七三（昭和四八）年の第一次オイルショック後、造船資材と賃金が高騰して既受注船のコストが上昇した。その上、世界的な船舶過剰が続き、円高と台湾、韓国の造船業からの追い上げがあった。政府から造船設備の三五％削減が勧告されるほど、造船不況は一段と深刻になった。渡辺製鋼所では、多数の作業員をかかえる鋳鋼部門が赤字続きであった。一九七三年一〇月末、会社は「合理化」案として、賃金の引き下げ、退職金の減額、組合活動の制限など一三項目を、組合に提案した。団体交渉の結果、会社は一三項目を一旦撤回したが、翌七四年三月、機構改革職制懇談会で赤字経営による会社の危機を強調し、春闘の要求を拒否するとともに、さきの「合理化」を持ち出した。これは造船大手株主の巻きかえし攻勢によるものであった。六月、組合員大会では、会社の「合理化」案を謹小差で受け入れることになり、一〇月、会社は八九名の希望退職、退職金の二分の一の切り下げ、争議の二カ年禁止を発表した。労組は白紙撤回を要求し、ストライキ権を確立した。しかし、会社は一一月七日に一億一二〇〇万円の不渡り手形を出し、会社更生法の適用を申請したが、一二月二〇日、会社は破産宣告を受け、従業員全員を解雇した。

一九七五（昭和五〇）年三月、労組は就労団結会を開き、東京都から受注していた「金剛丸」の建造を続行する自主生産を開始した。「金剛丸」は押船《おしふね》（自力で移動できない浚渫船に合体して押しながら目的地まで移動させる船のこと）で、五月二二日、多くの支援労働組合の祝福を受けながら、華やかに進水した。七月一九日、同じく東京都から受注した土積船「第一浚海」、ついで「第二浚海」の建造を完成し、進水させた。八月二一日、組合は「渡辺製鋼所の全面再開についての組合の提案」を大株主四社に提出した。

一九七六（昭和五一）年一二月二八日、管財人が工場再開案を発表し、強制和議に入り、翌七七年三月二五日、東京地裁民事部で債権者集会が開かれ、操業再開を目標に闘争終結の方向を確認した。四月二一日、八三三日振りに操業を再開し、七〇名が就労した。会社のほうも、四つの巨大企業の株主が手を引いた。労組の自主生産としては、全国金属労連ほか大田区などの地域の労働組合の支援を受け、希望退職以外は新会社に就労を回復した。「完全勝利」と評価されよう。

一九八〇（昭和五五）年、新会社の資本金はストライキ前の一〇分一まで減資されて四、五〇〇〇万円になり、会社幹部三六人が持株会を創って所有することになった。営業としては、本業のポンプ浚渫船や作業船の建造と修理を続けるが、経営を多角化し、遊覧船の建造・修理や建設機械と産業機械の製造・修理にも参入する。そのため、従業員の多能工化を推進し、また技術開発に力を入れる計画であったという。

新会社は規模を縮小し、かつ営業を多角化することは否めない。海の油汚染の回収や湖沼のヘドロの浚渫など、環境保全の仕事への期待が大きい。世界の三大浚渫船メーカーの一つといわれた日の回復が待たれていたのである。しかし労組の自主生産は終わった。

### (4) 九州ユニオン電設――協同労働の協同組合の設立

電設事業では九州地方第二位という（株）扶桑工業のケースを紹介しよう。電設事業とは、大型ビルから一般家庭まで電気設備、動力設備など電気にかんする設備の工事や設計・施行、保守・管理などをする事業である。その扶桑工業は従業員一六五名を抱えたまま一九九八年五月、突如、倒産した。同社は工事の八〇％をゼネコンからの下請け受注に依存していたので、バブル経済が崩壊した九〇年代の長引く不況で、公共工事が縮小すると、建設単価の切り下げに会い、倒産に追いやられたものと思われる。突如、職を失った技術者たちは、他社に再就職を求めざるを得なかった。

失意の最中、元専務の大村関雄氏に労働者協同組合を紹介したのは、電気工事で知りあった民主医療機関連合会の福岡千鳥橋病院の関係者であった。大村は、会社の都合で一方的に失業させられる不安定な雇われ者の身分から抜けだしたいと思っていたので、労協連との出会いによって生きる勇気を得た。賭けではあったが、電設業界ではじめての労働者協同組合を創設すべく、労協連のセンター事業団の一事業所として企業を起こす決心をした。そして元の同僚八名が加わり、翌年二名の参加を得て、倒産から一年後に、一〇名で企業組合、「九州ユニオン電設」として発足した。

起業には最低限、自己資本として出資金が必要であるが、労働者の手元には投資にまわす金がない。全員が一口五万円を出資した。そして企業の電設労働者でありかつ経営者となった。

給与は事業が軌道にのるまで、扶桑工業時代の六割で我慢することにした。問題は事業資金である。建設業界の決済方法として、年商三億円の事業を受注したとすると、納品から代金受け取りまでの二、三カ月の間には、「売掛金」が発生する。その期間を凌ぐには、繋ぎ資金、五〇〇〇万円が必要になる。しかし法人格がなくまた取引のない新設会社にたいしては、銀行は融資の相手にしてくれない。その時、事業資金の一部を援助したのは労協連である。

新顔の「ユニオン電設」にとって最も困ることは、工事受注が入札制になっているのであるが、労働者協同組合という企業が社会的に認知されていないために、高い技術力を持ちながら、入札に参加する資格を与えられないことであった。したがって「ユニオン電設」では、請負代金は比較的に小額であっても、地元の食品業者や歯科医院などの建設工事の注文を探し、また託老所（働きに出る家庭で、留守の間、世話の必要な老人を預ける施設）、医療生協ビルなどの電気工事を請負う方針を固めた。（注5）地域には一人親方の電気工事職人が多いので、参加を希望する者がふえた。

電設事業は、大都市から農山漁村の過疎集落まで、すべての人びとのライフラインを設置し維持補修する仕事であるので、二一世紀の社会全体にかかわる重要な仕事である。

注5　石見　尚編著『仕事と職場を協同で創ろう』（社会評論社、二〇〇〇）三三頁

## 2　労働者協同組合に転進する条件

一九七〇年代に起きた労働争議が労働者自主生産に発展したケースは、前節にあげたペトリカメラ、渡辺製鋼所以外にもある。たとえば全国金属労組加盟の浜田精機、早川鉄工所、田中機械、全造船佐伯分会、また国労闘争事業団、カメラのニシダ、英会話学校、その他数え上げるとかなりの数にのぼる。

しかし、倒産企業の労働争議から労働者協同組合の設立に発展したケースは、九州ユニオン電設、パラマウント製靴、東芝アンペックス、自交総連大分地連などがあるだけで、その事例は少ない。

労働者自主生産と労働者協同組合の間には、越えなければならない障壁がある。第一に倒産処理の仕方として、「再建型」にするか、「清算型」にするか、労働組合として難し

い判断をせまられる問題がある。この判断には、仕掛品の状況や労働債権の状態、また他の債権者や管財人との交渉などの諸要因が関係している。

それを経過した上で、第二に労働者協同組合に転進するには、労働と経営の相克を乗り越えなければならない。具体的に述べよう。

(1)　給料だけではなく目的をもった働き方へのこだわり

労働者協同組合が労働組合と異なる基本的な点は、組織結成の動機が給料を取得することが全てではなく、自分にとってまた社会にとって価値があると思う仕事を選択し、経営に参加することである。したがって、その労働者協同組合の理念や目的に賛同する者が発起人となり、理事や中核的な組合員となる。そしてすべての組合員は、理念と目標の基本線を共有している場合に、仮に給料が少なくても耐えることができる場合が多い。

(2)　情熱と企画力に裏付けられた統率力のあるリーダーの重要性

成功しているワーカーズ・コープ（コレクティブ）には、労働者協同組合の理念を持ち、企画力と統率力をもつリーダーが必ず存在している。ワーカーズ・コープはもちろん民主的な組織であるが、政策決定のポジションが明確な組織でなければならない。したがって、会社でいう最高経営責任者（ＣＥＯ）に相当する、実質的な経営責任者を選任することになる。このリーダーが内外から信頼されるのは、企画力と分析力と決断力と誠意ある人柄によってである。

(3) 組合民主主義の前提

ワーカーズ・コープは企業体であるから、小規模な事業体であっても、生産、営業、事務、その他いろいろな部門や職種によって構成される。この点、企業別労働組合は同様の構成を持っているが、実際は営業や事務部門で働く組合員は、生産部門や現業部門の労働者とは業務にたいする感覚が違うので、しばしば労組本隊からは経営者寄りと見られる場合がある。

しかし、ワーカーズ・コープは職種の違う人、それまでの経歴や人生経験、生活の違う人々が一つの企業を構成するわけであるから、互いに個性や能力、性差の違いを認めあうことが前提になる。ワーカーズ・コープの民主主義は、画一民主主義でなく、個性差を認めあった上での多元的民主主義である。実際、ワーカーズ・コープの経営では、販売や購買、経理や庶務、接客、研究開発、清掃、保守、その他の間接労働が重要な役割を果たしている。

(4) 取引先との関係の重要性

労働組合は企業経営の外にあるから、経営上の諸問題は理解できなくても仕方がない。しかしワーカーズ・コープとなると、資材の購入、製品・サービスの販売、また営業資金の借り入れなど、取引先との関係は、ワーカーズ・コープの生命線である。平素から取引先からの信用を、第一に考えなければならない。

殊に製品・サービスの販売に関しては、他の協同組合と友誼関係にあることが大切である。しかし生協、農協などにはそれぞれ独自のルールがあるから、ワーカーズ・コープが他の協同組合に甘えることは禁物である。甘えは、一九二〇年代の左翼労働運動の誤った消費組合＝階級闘争の兵站論（注1）の裏返しである。ワーカーズ・コープにとっては、他の協同組合と公正な商取引をするのが常道である。他方、生協などが、ワーカーズ・コープを業者なみにあしらうとすれば、協同組合セクターとして認識不足である。足りない点は互いに助言すればよいのである。このような関係を築くことができるかどうかが、リーダーの責任である。

注1　大正一五年、日本労働組合評議会は、「消費組合は階級闘争に従属する経済闘争機関である」とし、労働争議を資金面で支援することを要請した。この方針はその後の左翼協同組合論に根深く継承された。

### (5)　独自の技術・技能の重要性

業界でワーカーズ・コープの存在が認められるには、技術・技能において他の追随を許さない独自の技術・技能をもつ場合である。資本企業との市場競争で価格競争をすることは、ワーカーズ・コープの採る道ではない。技術はワーカーズ・コープの命である。

職人が技能にかんして自分と妥協したらお仕舞いであるように、ワーカーズ・コープの座付き作者とみなされる研究者や技術開発者が、母体の組合員の能力水準と妥協したら、将来性はないであろう。さりながら、独りよがりの研究開発は役に立たない。やはり労働する者の目線に立つ革新的技術の開発にワーカーズ・コープの命運がかかっている。

(6) 労働者にとっての出資金

ワーカーズ・コープにおいては自己資本の充実は不可欠である。資金に余裕のない労働組合員には、プチ投資家意識が生まれる可能性は低いのであるが、出資金による組合支配の可能性がないように、協同組合は法制度や定款で一人の出資の割合を制限しているのは周知のところであろう。それでもなお、ワーカーズ・コープが資本企業から自己を区別するために、出資金について様々な方策を用いている。すなわち出資による組合員の持分のない工場共同所有システム（イギリスの工場共同所有――スコット・ベーダーとICOM）、給与からの後払い込みと蓄積システム（イタリアのレーガ協同組合）、分配剰余金からの出資制と銀行口座への基金積立てシステム（モンドラゴン協同組合）がある。いずれのシステムも剰余金を労働者個人に配当するのではなく、不分割基金として社会的に積み立てている。

図 6-2　モンドラゴン工業協同組合の基本組織図

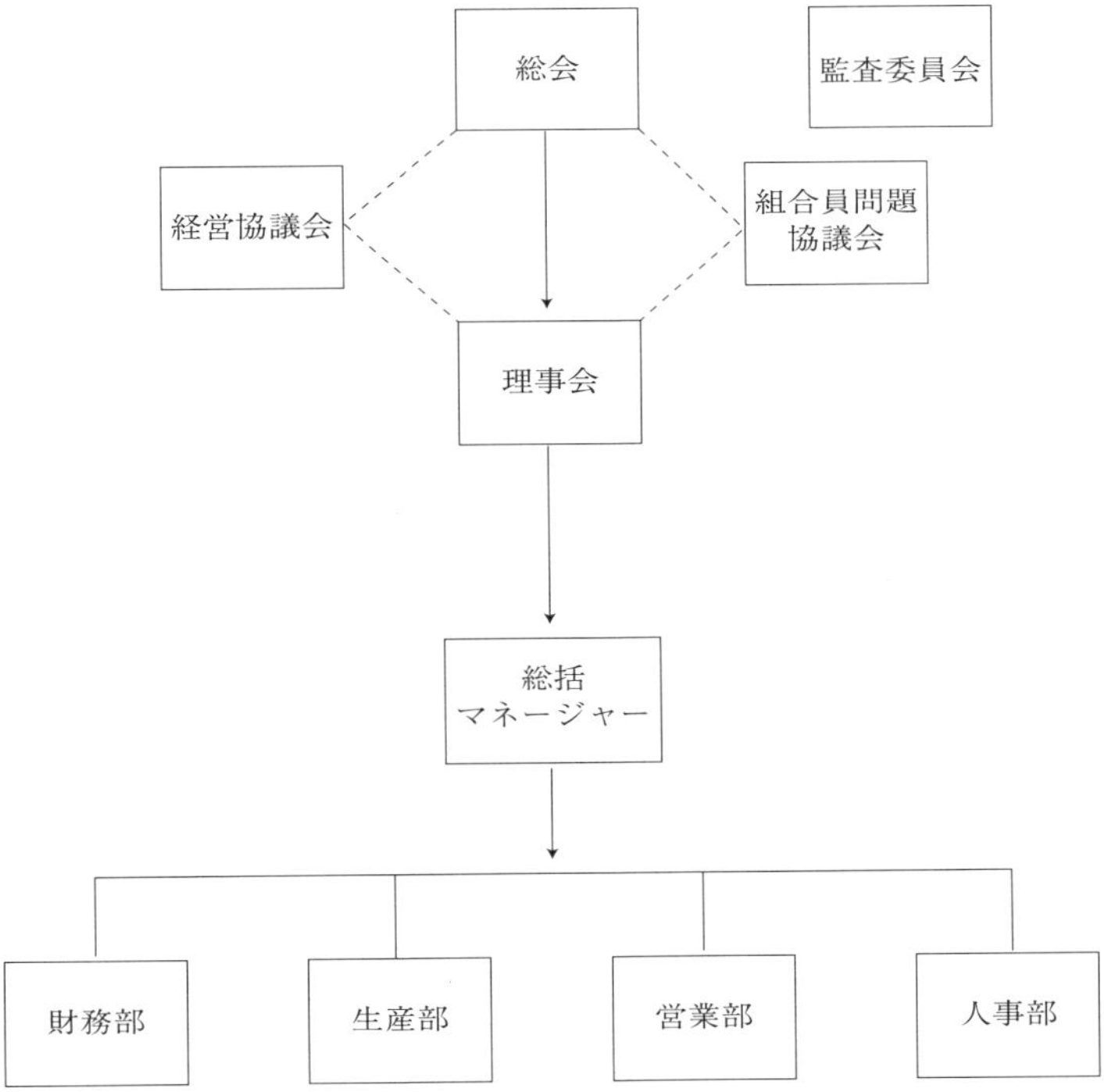


備考　Iñaki Gorroño ; Experiencia cooperetiva en el Paris Vasco(1975)

## (7) 労働条件と経営

労働者の権利擁護を目的とした労働組合が、ワーカーズ・コープの門前で立ちどまるのは、労働者の労働条件の確保と自立経営責任との相克の問題である。雇用労働のときには、労働条件にかんしては経営者と交渉する権利が保障されていた。しかし、ワーカーズ・コープには労働組合は存在しない。労働と経営のジレンマをどう解決するか。

モンドラゴン協同組合では労働と経営を分けて協議する。すなわち、賃金、労働条件、退職金などの案件は、「組合員問題協議会もしくは人事協議会」を設けて取り扱う。この協議会は人事担当役員と労働者職場代表で構成する。そこでは配置転換など個人の問題も取り扱う。

経営計画については、「経営協議会」で協議する。この協議には部長クラスと経営担当スタッフが参加し、労働者の参加はない。

「組合員問題協議会」と「経営協議会」の意見が対立したときは、組合員総会を招集し、一人一票の投票によって、結論を出すことになる。図6—2はその方式を図式化したものである。

一般的に言えば、労働者自主生産が一時的に成功したとしても、単独では持続することができない。他の労働組合の連帯的支援が必要である。それがあるとしても、長期的には存続することは不可能である。労働者自主生産が持続するにはワーカーズ・コープに転進しなければならない。そのうえで、取引先との良好な関係、研究開発、金融・共済制度、労働者の人材教育・研修機関とのよい関係がなければ、単独では経営として存続することは不可能に近い。早く言うと、労働者自主生産が労働者協同組合に転進して持続するためには、それらを受け入れる社会経済システムとしての協同組合的生産様式が広く浸透し、諸種の支援機関が整備されている必要があるのである。

# 第七章

# 市民事業型の協同労働の発展

## 1 新しい波

一九八〇年前後、新しいタイプの労働者協同組合が登場し、急速に普及し始めた。それは、生活クラブ生協などの組合員を主とするワーカーズ・コレクティブ・ジャパンの組織と全国自由労働者労働組合から発展した日本労働者協同組合連合会の組織である。これらの画期的な特徴は次の点にある。

(1) 第一は、労働者協同組合の主体が、工場労働者ではなく、都市では一般の生活者・市民であることである。これと共通する現象は、市民社会化した農村にも現れた。

(2) 第二に、事業が市民社会の生活のニーズに対応したものが多いことである。市民社会の必要は市民自身の手で充足するという労働の価値観によるものである。そしてまた、一般市民のなかに、それを推進する技能と経済力が備わってきたことの反映であって、協同組合的な共益を目的とする事業だけではなく、しばしば公益性を持つ事業にも進出するようになった。

(3) 第三に、労働の形態が工場労働のような高度の分業と流れ作業によるのではなく、共同作業的な集団形態をとるものが多いことである。

（4）　第四に、資本設備集約的な業種ではなく、労働集約的な業種が主である。こうした労働の特徴を「協同労働」と名づけるならば、協同労働は市民社会が成熟した段階の働き方の一つであることを表わしている。

市民事業型の協同労働が発展してきた背景には、一九八〇年、国際協同組合同盟第二七回大会でのA・F・レイドロー報告『二〇〇〇年の協同組合』の影響があった。アレキサンダー・フレイザー・レイドロー（注1）は、ポール・デリックの協力を受けて作成した、この報告のなかで、協同組合が取り組むべき優先分野として「生産的労働のための協同組合」を取り上げて、こう述べた。

「過去二〇年間における世界の協同組合にとっての、最も重要かつ大きな変化の一つは、労働者協同組合に関する全面的な概念の回復であった。――労働者協同組合の再生は、第二次産業革命の始まりを意味するものだと予想することができる。第一次産業革命では、労働者や職人は生産手段も管理権も失い、その所有権や管理権は企業家や投資家の手に移ったのである。つまり資本が労働を雇うようになった。ところが労働者協同組合はその関係を逆転させる。つまり労働が資本を雇うことになる。もし大規模にこれが発展すれば、これらの協同組合は、まさしく新しい産業革命の先導役をつとめることになるだろう」（日本協同組合学会訳編『西暦二〇〇〇年における協同組合』（日本経済評論社、一九八九、一五八〜

一五九頁）

注1　アレクサンダー・F・レイドロー（Alexander. F .Laidlaw　一九〇八〜八〇）はカナダ、ノバ・スコティア州の生まれ。青年時代に州の伝統文化の振興運動に関与し、教育機関に勤務した。その後、四〇〜五〇歳代には社会教育と協同組合教育に従事し、一九五八年、カナダ全国協同組合連合の事務総長となった。また、一九六八年までの一〇年間、中央住宅金融会社の理事となった。かれのカナダにおける仕事の中心は、コミュニティ共同所有型の小規模住宅団地の建設によって、住宅協同組合を進めたことである。その期間、インド、スリランカ、アフリカ諸国の協同組合の組織づくりに携わった。また国際協同組合同盟の常任理事も務めた。

## 2　ワーカーズ・コレクティブ・ネットワーク・ジャパン（WNJ）

### 1　経過

生活クラブ生協は、一九六五年に東京の世田谷区で始まった牛乳の共同購入が母体になって、一九六八年に生協として認可され、東京、神奈川、埼玉、千葉など首都圏を中心に組織された協同組合である。二〇〇五年には三三都道府県に広がった生協である。近隣の専業主婦の組合員が生活「班」を組織して生活物資の共同購入と自分たちの協同作業によって分配を行う店舗を持たない生協である。食の安全や健康と環境保全などに行動する生協として注目されてきた。九〇年代後半から、主婦のパート就労や再就職が増えたので、共同購入から個別配達に変わるケースが見られるようになった。

それより前、一九八〇年頃、生活クラブ生協神奈川では、外に職を持つ女性の便宜のために、共同購入の生活物資の荷捌きや保管を行うデポー（半径五〇〇〜七〇〇メートルの範囲に一つ）一五カ所を開設した。その時、組合員のなかからデポー作業の委託請負や軽飲食サービス、不要品のリサイクルなどを事業化するグループが形成されてきた。八二年一一月、デポーを拠点として、七九人による「働く協同組合」の第一号「にんじん（人々）」（一九八二年、企業組合の法人格取得）が誕生した。趣意についてこう述べている。

「にんじんの組織と運動を主に担うのは、やはり地域にある婦人です。主婦と呼ばれる私たちは、かつての生活技術を失ないつつも、現代化した生活で多様な働きを担っています。しかし大半を占める、家庭をめぐる働く能力評価は、今日の産業社会において、本来的役割が軽視されたまま、家事として、従属的サービス地位しか与えられていません。私たちが、企業組合・にんじんの設立を考えたのは、この事を見つめなおさなくてはならないという思いが、大きな動機でした。なぜならば、この働く能力は、人間と自然とを従え破壊する産業社会のテクノロジーとは異質な、可能性を秘めた人間的能力ではないでしょうか。とすれば、それは、人間が生きるために不可欠であるというばかりでなく、人間的であるがゆえに社会的でもある価値を創造するための労働として組織し、そこに生き生きとした、人々の交流する場をつくり出すことができるはずです。つまり、私的で家庭的な労働の役割を生かして、地域社会で広がりをもとめた働き方をめざすのです。その営みは、人間と自然とが調和する共同社会を実現するための、ささやかであろうとも、私たち家庭婦人によるチャレンジです」(一九八二年、ワーカーズ・コレクティブ・にんじん設立総会議案書による)。

## 2 現勢

ワーカーズ・コレクティブ・ネットワーク・ジャパンの状況はつぎのようになっている。組織は全国三三都道府県に伸張し、その数は五八〇の事業所の単位で設立されている。従事者は一万六〇〇〇人、事業高は一二七億円(二〇〇四年現在)。分野別では、高齢者介護・同家庭支援が三五%、育児・同支援二八%、生協業務請負一九%、食関係九%、環境保全・リサイクル二%、その他七%と多様であって、女性の家事の経験、技能を活かしたサービス労働が主流をなしている。

法人格としては、企業組合九・七%、NPO一六・〇%、有限会社・株式会社一・五%、法人格のない任意団体が七二・八%であって、自発的な集団として活動する組織が約

表7-1　ワーカーズ・コレクティブの現勢（2003年）

| | |
|---|---|
| 事業所 | 580 |
| 従事者数 | 16,150人 |
| 事業高 | 127億円 |
| 事業 | |
| ・福祉系——家事介護・障害者支援・移動サービス<br>——子育て支援・託児・塾 | |
| ・食関連系——仕出し弁当・惣菜・　配食<br>——保育園、幼稚園、学校への納品<br>——パン・菓子製造販売・レストラン | |
| ・環境事業系——リサイクル・石鹸製造 | |
| ・服飾系——リフォーム、採寸 | |
| ・住宅関連系 | |
| ・編集・企画系 | |
| ・保健系 | |
| ・生協業務委託系 | |
| ・その他——印刷 | |

備考　『第6回ワーカーズ・コレクティブ全国会議in北海道記録集』

四分の三を占める。

この数字は、家庭を持つ日本の女性の職業観として興味深い選択を示している。すなわち、家庭における母親の割合と社会人としての役割の両立を図る時代傾向がそこに現れている。女性たちは、現代の市民社会において不可欠な公益的な仕事の分野でしかも行政が手のとどかないインフォーマルな領域を担当するケースが増えている。彼女たちは、ボランティアのアマチュア集団、ワーカーズ・コレクティブを組織して活動すると同時に、やはり子供とのふれあいや家庭の団欒を大切にした思慮深い働き方を選択している。

なかには、コレクティブの働きの場に

子供を連れてきて、労働の現場を見せるのが子供の教育に役立つという組合員もいる。この意見は、近未来の「企業」というものを、「労働」の立場からどう考えるべきかの大事な問題を提起している（表7—1）。

## 3　事例

### (1)　その後の「にんじん」の歩み

パイオニアである「にんじん」の前には手本がなかったので、全員で経験を整理して学習しながら、運営方法を編み出していった。それは、生活クラブ神奈川の基本思想、「自分で考え、自分で行動する」という原則に基づくものであった。発足から一〇年のうちに、組織運営の方策を段階的に編み出していった。試行錯誤しながら作り出した自主管理システムの骨格は次のものであった。

①　一六のデポーごとに一つのグループを作り、これを「ブランチ」と呼ぶ。ブランチは請負事業（デポ作業、配達、清掃管理）のみを行うものとスナック事業、仕出し事業、惣菜事業、その他を兼営するものとがある。それぞれ主任（ブランチ代表）や部門責任者を選任し、ブランチごとに独立性をもった運営をする。各ブランチは事業収入の二〇％を運営費として事務局の維持費、福利厚生費、新規開設資金、税金などに

当て、残り八〇％を分配金とする。

② デポーの初期の運営は生活クラブの職員が行っていたが、職員の不足のために、デポ生協組合員と「にんじん」のパートナーシップ契約によって行う集団マネージメントに移行した。「にんじん」はデポーのフロア作業のすべてを取り仕切るワーカーズ・マネージャー制をとることにした。

③ 発足から一〇年後にワーカーズ組合員は約三三〇人となった。ワーカーズ・マネージャーは、仕事の段取りや労働のローテーション、企画、その他の運営に必要な管理の仕事をする。

⑤ 九年目から労働報酬に熟練度評価制度を導入した。部門ごとに、一五～二一項目の評価基準を設け、ワーカーズ個人の自己評価に基づいてブランチでの討議を経て、理事会で五段階の格付けにより、一・五倍までの分配格差を設けている。

⑥ 出資金は一人一〇口、一〇万円としている。

⑦ 一〇年目に賃金として「一〇〇万円の壁」を越える人の比率は、約三三％になった。配偶者控除の撤廃の論議が内部で高まった。

⑧ 因みに、一九九二年度の事業高は四億五〇〇〇万円で、経常利益は三九〇万円であった。

以上の要約はワーカーズ・コレクティブ「にんじん」の通常総会議案書によって作成した。

さて、生活クラブ生協神奈川を構成する一要素として、「コミュニティ生協」がある。これは、デポー生協の組合員とワーカーズ・コレクティブ「にんじん」はそれぞれ自立して独自の活動をしているが、デポーの事業運営にかんしては両者がパートナーシップを結んで協同しあう複合協同組合である。協同組合地域社会の組織形態の一つを示唆している。とくに興味深いのは、その複合形態がどのような社会的経済的効果を生むかである。さしあたって、直接的効果である費用削減に注目してみると、一七デポーのワーカーズ・コレクティブへの業務委託費は供給高の七・二%である。しかもこれは生協クラブ組合員の所得となっている（二〇〇三年度決算）。そしてワーカーズの労働なくしては、コミュニティ生協は持続できない。

(2) 凡――経済的に自立できるワーカーズ・コレクティブの追求

東京都町田市といっても多摩丘陵の閑静な里山、小野路地区に、［凡］（ボン）という名の小さいブルーベリーソースの工場兼事務所がある。一九八四年設立。二〇〇五年現在、組合員一四名（従事者一〇名、非従事者四名）、ほかにパートタイマー四名、事業高一億一〇〇〇万円の企業組合である。ワーカーズ・コレクティブというと、生活基盤は夫の収入で安定している主婦の余技の事業というイメージが、世間ではなお強いのであるが、「凡」はそのイメージを破壊した点で紹介に値する。

「凡」は操業二〇年を二つの時期にわけている。

① 可能性の追求の時代（一九八四〜九三）

最初の一〇年は、生活クラブ生協東京の請負事業として食事提供から始め、自主事業としての地場野菜の漬物などの加工事業、弁当、惣菜つくりという食関係の事業を町田市の市街地で行った。創業から二年で、請負事業の割合を三〇％に下げ、七〇％を自主事業にした。この時期の経験は、全員が事業の経験と仕事の能力を磨くのに役立った。

② 事業性の追求の時代（一九九四〜二〇〇三）

小野路地区に自前の加工施設をもった。創業当初は出資金一〇〇万円（五万円なら主婦でも負担可能というので、二〇人で五万円ずつ出資した）から出発した。一九九三年に増資して一一〇〇万円となり、二〇〇三年には三二〇〇万円になった。出資額が大きくなったのは、経済的自立のためと持続可能な事業体にするためであった。

この時期に「凡」の製造するブルーベリーソースの品質のよさが評価されて売上げが伸び、九七年に初めて事業高が一億円の大台にのった。

その間、「暮らしを大切にする働き方」を実現するために、人手のかかる食事業から、作業を効率化できるブルーベリーの加工に移行した。給与は設立時には、時給四一〇円で我慢しなければならなかったが、一九九〇年には初任給六五〇円、経験者の給与、時給七二〇円、理事には役職手当てをつけた。九七年には、週休二日制と月給制（平均二五万円）、交通費支給、社会保険加入、出資配当を導入した。二〇〇四年には一日七・五時間労働制にした。退職時に出資金を求めない組合員もいるし、出資だけの組合員も四名いる。すべて「凡」の応援者である。

一般的にワーカーズ・コレクティブが、「凡」の成長段階で言うと、第一段階にとどまるのにたいし、「凡」が第二段階に進むことができた要因を考えてみよう。組織の事業理念、組合員の意識と技能の点においては、他のワーカーズ・コレクティブと異なるところは感じられない。資本の充実と生産性の効率化、安全な原料にこだわり続けた物づくりと誠実な情報の公開についても同様である。多少秀でているのは、早くアマチュア意識を脱皮したことと営業戦略のうまさである。他になくて「凡」にあるのは、リーダーの事業家資質である。これはおそらく育った家業環境と素質によるものであろう。一般に女性の企業経営の才能は、平素の姿では隠れていて見ることがむつかしいのであるが、ワーカーズ・コレクティブのような自主事業の機会に現れてくる。これは、ＷＮＪの他の組合でもいくつか確認できる現象であって、事業家としての適性を知るには、生家を見ることが条件である。

### (3)　福祉事業

高齢化社会の到来が迫っていることが報じられ始められた一九八〇年ごろ、高齢化社会の問題を、女性の感性で、「老い」をいかに生きるかの問題として、いち早く捉えたグループがあった。女性にとっては、住みなれた地域で一生を生き抜くのが切なる願いである。彼女たちはしばしばこう発言した。「地域福祉とは、地域で生き、地域で終わるというあたりまえの人生をおくることである」と。

行動をおこしたのは、横浜市緑区の「サービス生産協同組合　グループたすけあい」（一九八五年四月設立、二五七人）であった。このグループは、高齢化社会の問題を、「行政の政策に押しやったり、できあいの家事サービス、シルバー産業のサービスに依存し、満足するのではなく、老若男女が群れ集い、今ある生活技術を出し合い、お互いに支え合いながら生きていきたい。また働く場も作りながら、健康で生きがいのある地域社会を自分たちの責任で作り出したい」として、三無主義——「おしきせでない、ほどこしでない、金もうけでない」——の働き方を提案した。それに続いて設立されたのが、「地域福祉を自

らの手で」という川崎市宮前区の「サービス生産協同組合　たすけあいだんだん」（一九八六年三月、七一人）である。（注1）

注1　生活クラブ生協「はたらきづくり　まちづくり　ガイドブック　八九秋」による。

二〇〇三年、ＷＮＪの福祉事業に携わる団体は、家事・介護、生活支援の分野で約二二〇、子育て支援・託児・塾の分野で一五〇カ所、事業高二二一億円となっている。

## 3　日本労働者協同組合連合会（労協連）

### 1　経過

日本労働者協同組合連合会（労協連）は、全国自由労働者労働組合（全日自労）から派生して、一九七七年に労働者協同組合の形態に転化した組織である。その経過を要約しよう。

戦後経済が復興の緒につき始めた一九五五年には、完全失業者の数は一〇五万を数えた。その後、減少に転じ、七〇年には五九万に減った（総務省統計局「労働力調査」による）。これを機に、一九七一年、政府は失業対策事業費の増加を抑制するため、失対事業への新規就労を禁止した。しかし七〇年代には新たな完全失業者が増える傾向に反転し、なかでも、企業から排除される高齢者の失業が増えてきた。

全日自労は一九七七（昭和五二）年の大会で、「失対事業制度再確立の闘争」を先制的に打ち出した。それは、失対事業を単に有効需要を追加するための官僚的財政支出ではなく、国民の税金による公共事業を国民のものにする方針であった。「市民のための失対事業」という全日自労の発想の転換は、そのときからである。実際、かれらは、失業対策事業で学校のプールを作ったが、それは地域の人々に大変歓迎された（中西五州氏談）。こうした経験が、発想の転換の契機になっている。全日自労の国に対する「民主的改革」の提案は、また自らにたいする「民主的改革」という捨て身の提案になった。一九七七年九月二七日の同労組中央委員会決議はこう述べている。「失対事業を、現実に市民や自治体に役立つものにすること。そのなかで自治体との合意を広げていくこと。職場委員会組織がなくては『民主的改革』ができないことをあきらかにする。『民主的改革』は、われわれ全日自労の思想変革とも言うべき大事業であるから、くりかえし討議し、仲間の納得が必要である」。

こうした折、国は地方自治体直営の失対事業の就労年齢を六五歳に引き下げる方針をうちだしてきた。それにたいしては、六五歳以上の高齢者の就労を確保するため、民営による事業団方式をとる必要が出てきた。そして、一九七九年に中高年雇用・福祉事業団全国協議会の結成に踏み切った。その時定めた事業団活動の原則として、次の七つの原則を定めた。

① よい仕事をすること。
② 自主、民主、公開の原則を確立し、経営能力を高めること。
③ 労働者の生活と権利を保障していくこと。
④ 労働組合の果たす重要な役割を認識する。
⑤ 教育・学習を重視する。
⑥ 地域における住民運動の発展と結合して取り組むこと。
⑦ 全国的視点に立つこと。

一九八二年、千葉県流山市の東葛病院から、全国協議会は清掃の仕事と設備管理を受注し、直轄事業として行うようになった。そしてこの直轄事業で得たノーハウで、全国各地に就労機会を創出していった。この方式によって組織されるグループをセンター事業団と呼ぶようになった。

全国協議会は一九八三年から八八年にかけて、イタリアはじめヨーロッパ諸国を視察し、労働者が協同組合をつくって、事業経営をする伝統のあることを知った。その結果、一九八六年に事業団を労働者協同組合に発展させることになった。

表7-2　日本労働者協同組合連合会（2002年）

| | | | | |
|---|---|---|---|---|
| 事業所 | 331 | | | |
| 従事者数 | 8800人 | ほかに高齢協組合員 | | 3万6000人 |
| 事業高 | 191億円 | ほかに | 高齢協 | 44億円 |

事業
・地域福祉事業系―介護保険対応ケア
　―福祉関連（介護保険適用外）
・食・農関連事業系―給食・食堂・宅配弁当
　―パン、豆腐、惣菜、ベーコンの製造販売
　―農業
　―病院の売店
・建設事業系―高齢者住宅の改修、学校・病院など公共施設の修繕
・緑化・環境事業系―公園の管理、屋上緑化
　―カン、ビンのリサイクル、フロンの回収
・病院等建物総合管理系―病院の清掃、設備管理、医療廃棄物の処理
　―福祉施設、オフィス、ホテルの総合管理
・協同組合間提携事業系―生協の施設管理、個人別配達

備考　日本労働者協同組合連合会事業案内2002

## 2　現勢

以上の経過から、日本労働者協同組合連合会はセンター事業団と地域事業団と高齢者協同組合の三つによって構成されている。

センター事業団の主たる事業は、①病院の清掃、②生協の荷捌きなどの物流業務、③自治体の公園緑化などの請負である。センター事業団は全国単一の組織で、各ブロックは支部の形態をとり、アンブレラ組織である。

地域事業団は農業、製造業、サービス業などの多様な事業を独立で営む事業体である。

センター事業団、地域事業団あわせて、全国に約三三〇事業所があり、従事者は八八〇〇人、事業高は一九〇億円を挙げている。

高齢者協同組合は、高齢者の仕事・福祉・生きがいの三つを目的とする協同労働の協同組合である。「寝たきりにならない、しない」「元気な高齢者がもっと元気に」を目標にしている。一九九五年三重県で最初の高齢協が設立され、二〇〇〇年現在、二九都道府県で設立され、そのうち二三組合が生協法人として認可を受けている。福祉が主な事業で、高齢者の予防介護、ヘルパー講座と在宅介護の支援事業（デイサービス、託老所〔一九七頁参照〕、宅配給食、生活用品の共同購入）などを行っている。組合員は三万六〇〇〇人、事業高は四四億円（二〇〇五年現在）である。

## 3 事例

### (1) 病院の清掃

病院等建物総合管理事業はセンター事業団形成に弾みをつけた事業で、いまも労協連の基幹事業である。簡単に言うと、ビル、ホテル、福祉施設の清掃や設備の管理、医療廃棄物等の処理、当直、給食、売店などを、受託して行う仕事である。二〇〇二年現在、全国三三都府県、一〇〇カ所以上で、事業展開している。そのなかでもメインになるのが病院の清掃事業であるが、それは単に事業高の問題ではなく、労協運動の精神的支柱の役割を果たす事業となっている。

病院は病気を治すところであるが、入院した患者が院内感染で別の病気に罹ることがある。実際、私の友人にもその経験者がいた。院内感染は患者から患者へ細菌、ウイルスが移ることであるが、知らない間に、医師や看護士などの医療従業員が病原体の運び屋になることもあり、病院の環境や機材から移転することもある。感染は保菌者との接触や保菌者からの飛沫、また空気中に浮遊する病原体によっても発生する。感染を防止するには、感染経路を遮断することが必要である。その手段が、病院の清掃であって、清掃も医療の一環なのである。

近年、病院の清掃にかんする科学が進歩してきた。病院清掃は欧米のほうが制度的に一日の長があるので、病院清掃を横文字でいうと、感染経路の遮断を意味するディスインフェクタント・クリーニングと呼ぶ。そのクリーニングとは、病院内をゾーニング（手術室などの高度清潔ゾーン、多くの患者が出入りする診察室、薬局、治療室、ナースステーション、一般病棟などの一般清潔ゾーン、汚染の激しいトイレ、汚物処理などの汚染管理ゾーン、その他の一般ゾーン、汚染拡散防止ゾーンにエリア区分する）して、各ゾーンに対応した方法で、殺菌、消毒を行い、耐性菌を出現させないための殺菌剤のローテーションを導入し、また菌の媒介となる埃や汚れをとることである。このような病院の清掃は、プロフェショナルな科学知識と技能訓練のほかに、病院のマナーの修得が必要であるので、一種の専門職としてホスピタル・ハウスキーピングとも呼ばれる。病院清掃の方法は日進月歩の勢いで進歩している。

事業は、清掃会社の一般競争入札によって、落札した者が清掃業務一式を行う。そしてそれぞれの企業は、自己の開発した清掃システムを病院に提示して、協議して進めることになる。労協が開発した新清掃方式は次の特徴をもっている。

［美観と衛生の両立］

①埃の徹底除去、②水使用の抑制、③手触り部分の清拭、④手洗いの励行、⑤用具の集中管理、の五つの項目を基本として、床面だけではなく清掃領域を立体に広げ、トータルな美観と衛生を実現する。

［自在箒とモップの追放］

埃と汚れの除去を分析した結果、自在箒とモップはこれらを取り除く効果が低い。とくにモップの水分は細菌を蘇らせ、汚れを拭き広げ、転倒を助長するので、独自の用具、スーパーダスターを開発した。

［独自開発の用具・洗剤］

埃と汚れをよく擦り取る素材と形状の観点から、独自のスーパークロス・スーパーを開発し、また床面を強化し汚れの付着を防止する特殊洗剤（ぴかリッド）を使用する。あらゆるゾーンで安心して使用できる強力な「消毒流水アクア」システムを開発した。

［汚れの重度化を防ぐ管理清掃］

新開発の用具と洗剤を用い、恒常的な環境の美観と衛生を確保する「管理清掃」を行う。管理清掃とは、日常の清掃と並行して、汚染度のランクを定め、計画的に床磨き・床の強化を行う。これによって、大掃除的に大量の水を使用する定期清掃の頻度を減らすことができ、また美観と衛生の保持を効率的なコストで実現し、かつ院内感染の予防に効果をあげることができる。

病院清掃は以上述べたように重要な仕事であるが、現実の委託業務の労働条件は決して甘くはない。この業界では一般に、勤務時間は三時間単位で交替する。その後は別の仕事をする。年齢制限は最高六四歳までが多い。時給は七五〇円が公式相場である。パート労働の最低賃金の時給六八〇円を一〇％程度上回る程度である。一カ月の収入に換算すると一四万円、手取り一二万円程度である。しかも、病院清掃の働き手は、自らの院内感染を予防するほかに、汚染注射針の安全処理を行わなければならない。労働者は清掃の現代水準の科学と技術を研修しながら勉励している。現代医療の裏方の労働条件を整備することが、日本の緊要な課題である。そのためにも「協同労働の協同組合」法の制定が必要なのである。

労協の病院清掃の組織としての特徴は、高卒の若い組合員が協同労働の倫理を教わり、生きがいをもって元気に働いていることである。そしてまた、労協は医療現場の清掃を完全なものとするために、受注作業の不慣れの初期や労働の繁忙期には、他の熟練者が駆けつけ支援する協同態勢を採っている。これは「一人は皆のために、皆は一人のために」という連帯の精神の具体化である。

(2) 地域福祉事業所

労協の地域福祉事業所は二〇〇五年現在、全国一七〇カ所あり、ヘルパー養成講座を五万人が終了し、四〇〇〇人が事業所の活動に参加している。

労協連の地域福祉への取り組みが、いつどこで始まったかは定かではない。少なくとも一九九五年に、センター事業団大阪事業所が、老人保健施設平野新生苑や姫島診療所に通所するお年寄りの生活を支援するために、配食サービスを開始したのが最初ではなかろうか。病院の清掃に当たっている労協組合員たちが自主事業として起こしたものである。

それに続いて、福岡高齢者協同組合が託老所「いこい」を開設（『日本労協新聞』一九九八年九月二五日による）した。

その後、一九九九年、介護保険の開始前、ヘルパー養成講座修了生が中心になって、地域福祉事業所づくりをはじめた。

二〇〇二年、労協連理事長の菅野清純氏は、これを「地域福祉事業所・第二の波」と呼び、「人が地域で人間らしく生きていくためには、食事から移動、福祉機器、居住、まちづくり、人の交流と文化にいたるまで、『生活そのものが福祉となる』さまざまな仕事のネットワークが必要とされる。この仕事のネットワークが『生活総合産業』であって、そこでは市民の自発的な参加と協同が仕事とくらし、仕事と仕事を結ぶコアとなる」という（協同総合研究所所報『協同の発見』二〇〇二年五月）。

この言葉は、労協連が全日自労時代の「仕事よこせ運動から仕事づくりの協同組合」（福岡高齢協、竜田光弘の言葉）へ転換したことを再確認したものであった。その転換は、恐らく、以前に閉山した産炭地域、筑豊の復興を目指して、二〇〇〇年に労協連、現地の福岡県高齢協と中高年事業団共催のセミナーで地域再生の新しい公共事業を提案してからであろう。そこでは公共事業を地域再生の市民事業とし、障害者、健常者、農業者、地域住民が手を繋ぐ「福祉工場」の構想が提案されている（協同総研『協同の発見』第一〇一号、二〇

〇〇年一〇月、参照）

高齢者の本来の福祉は、介護保険制度だけで対応できるものではなく、介護予防がその前提にならなければならないことが、二〇〇六年ころからやっと言われるようになった。しかし「介護予防事業は金にならない」と言われる。

こういうときに、労協の地域福祉事業所は、介護事業と他の地域グループの事業活動を結びつける拠点となる可能性を持っている。

東京都町田市の「ホットステーションさくらはうす」では、高齢者の趣味の手づくり講座、男性の料理教室を毎日開き、元気な高齢者をつくることを目的にしている。同趣旨の福祉システムが、鳥取県米子市では「田園」という名の地域交流センターになっている。そのほかに東京都板橋区の「ワーカーズ・コープ・パル板橋」、埼玉県深谷市の「深谷だんらんグループ」、福岡県北九州市「婆婆えがお」、青森県八戸市のコミュニティレストラン「輪あーく」などがある。

大阪府枚方市の「ホットステーション御殿山」では、訪問介護と歯科医による口腔ケアの指導と健康リクレーション体操を結びつけている。

このように介護支援と介護予防としての各種の事業を複合することによって、福祉をトータルに捉える市民福祉事業所が、網の目のように創設されようとしている。

# 4　農山漁村の村おこしグループ

## 1　現勢

第四章で農事組合法人について述べたが、農事組合法人は協同労働の組織としては、事業が農業だけに法律で限定されている。しかし農家の約九〇％が兼業農家であって、本当に必要なのは、農業と他の労働を含めた基本的な協同労働の法律である。山村において森林労働を行っている森林組合の作業班の場合には、いっそう明らかであろう。

農山漁村では、産業としての農林漁業の基盤である土地と自然環境の保全や生活環境の維持のために、地域住民は多くの無償の労働をおこなっている。市場経済に現れないインフォーマルな労働は、災害から国土をまもる効果や地球温暖化を防止する効果など、国民生活にとって不可欠の仕事である。農山漁村の環境的価値は、近年のグリーン・ツーリズムや田舎志向によって、その一部が再評価されるようになった。

都市勤労者とその家族の観光旅行や滞在型レクリエーションのニーズに農山漁村が対応するには、個々の農家では負担が重すぎるため、集落やグループによる民泊サービスや農産物供給などのために、協同労働の体制をとる必要が出てきた。そうした村おこしは全

表7-3　農村グリーン・ツーリズムによる村おこしグループ（2003年）

| 事業所 | 事業 | 従事者数 |
|---|---|---|
| 6,9555<br>売上高<br>1,505億円 | ・宿泊・滞在系――農林漁業体験宿泊<br>滞在型市民農園<br>・飲食・購買系――農産物直売、郷土料理<br>・体験・学習系――食品加工、伝統芸能、農林漁業体験<br>・保養・休養――スポーツ、温泉、園芸<br>・鑑賞・探勝――文化伝承施設、資料館、美術館、町並み | 38,714人<br>（うち常勤13,308） |

備考　（財）都市農山漁村交流活性化機構「グリーン・ツーリズム市場の構造と機能把握小委員会報告書（平成16年3月）による

国約七〇〇〇カ所、従事者三万八〇〇〇人、利用者数延べ一億四五四六万人、事業高一五〇〇億円にのぼる。事業は宿泊・滞在、食関連、体験学習、保健休養、農村文化・景観鑑賞などである。

## 2　事例

### (1)　遠野市（岩手県）

遠野市は北上山地にある「民話の里」として多くの人に知られている。グリーン・ツーリズム向けの施設は、宿泊施設としては「たかむろ水光園」ほか五つがあり、そのほかに農家レストラン二、農村景観地点一四、農林漁業の体験施設一九と多彩である。年間入込み客数は一一二万人、うち宿泊は六万八〇〇〇人である（二〇〇五年現在）。

（2）　香木の森公園（島根県邑南町）

邑南町は中国山地の山村であるが、有機農業と二四〇種類のハーブをテーマとした「香木の森公園」がある。それを中心として、宿泊施設、農産物直売所があり、また都市住民のための市民農園を設けている。長期研修生六六名のうち一五名、農業研修生九名のうち三名が本町に定住して働いている。香木の森公園への入込み客数は、年間約五七万人である（二〇〇五年）。

## 5　障害者就労作業所グループ

### 1　現勢

日本には五三〇万人の障害者が、私たちの隣人として生活している。厚生労働省は障害者を次の三つに分類し、その数を発表している（厚生労働白書二〇〇二年）。

身体障害者　三五一万六〇〇〇人（うち在宅者三三二万七〇〇〇人）

知的障害者　四五万九〇〇〇人（同三二万九〇〇〇人）

精神障害者　二〇四万一〇〇〇人（同一七〇万一〇〇〇人）

健康な人は労働によって自立できるわけであるが、ハンディを負った障害者が自立して働くことには特別の意味がある。それは人間として社会参加をしたいという強い希望からである。障害者が希望する労働の基本要件は、次の三つである。

① 障害者も健常者も対等な関係で働き、事業に参画すること。

② 障害者にも一般労働者と同様に基本的労働条件を保障すること（障害者については、「福祉的労働」という保護と指導の伴う差別的援助のつく労働が制度化されているが、その差別労働からの解放を求める要求である――筆者）

③ 経済的に自立した生活事業体をつくること（自主的事業で障害者の生活を保障できる社会的企業〔非営利的協同事業体〕を創造する要求である――筆者）

この要求を突き詰めると、障害者は「人間としての尊厳を保つ労働」を要求しているのであって、協同労働の協同組合の価値観と一致するものである。もし障害者就労に必要な交通費、技術訓練、介護の費用などの補填制度があれば、労働者協同組合は障害者就労を支援する組織として適している。ジョブコーチの役割は、職場の組合員が相互扶助として行うことができる。こうした態勢が常態化すれば、日本で「基本所得（ベイシック・インカムないしソーシアル・クレジット）」の思想に基づく、国民的な給与、退職金、年金、健康保険・介護保障などを統一した総合的所得政策が、世界で最も早く実現するであろう。

しかし現実は厳しい。国の障害者雇用促進政策と障害者の要望とがすれ違っている。どこが違うのかを明らかにするために、政府が進めてきた障害者の雇用政策について簡単に説明しておこう。

国の政策では、就労の可能性によって、障害者を三つのグループに分ける。

第一のグループは、一般労働市場で就労できる障害者である。軽い障害のある者の場合、リハビリによって社会復帰ができる状態になれば、その可能性が高くなる。一九六〇年に「障害者雇用促進法」が制定され、民間企業（常用労働者六五人以上）には身体障害者または知的障害者を常用労働者数の一・八%、特殊法人には二・一%の雇用を義務づけた。職業紹介や補助金のほかジョブコーチなど様々な助成方策を講じているが、雇用率は目標より低い一・五%程度にとどまっている。

第二のグループは、一般の就労が困難な障害者である。このグループについては、授産施設などで就労するもので、「福祉的就労」と言われる。障害者は市町村からの委託によって、この施設に入所する。入所就労は、あくまで訓練が建前であって、施設で雇用するためではない。訓練が済めば退所して、一般就労するのが原則である。そのため、「通過施設」と位置付けられている。

ところが、施設就労から民間企業、特殊法人の一般雇用への転進がむつかしいので、施設就労を望む声がつよくなった。その後、産業構造の変化によって、障害者の労働適正も変わり、授産施設にも二分化の兆しがおきてきた。

従前の授産施設の労働は単純作業が主であって、たとえば外部の注文によるチラシづくり、新聞広告の折込などである。一人月平均工賃は約二万円にしかならない。かりに、最低賃金（時給七〇〇円）で八時間働くならば、月二〇日労働として月額一一・二万円であって、授産施設の労働では経済的に自立できない。

その一方では、授産施設の一部には、コンピューター関連などで、経営的に賃金を払うことのできる職場が出てきた。これらは「福祉工場」の概念を作り出すまでになった。「福祉工場」は全国に一〇七工場あるが、一人平均給与は、身体障害者の場合一一万円、知的障害者、精神障害者の場合、それぞれ九・八万円、一〇・一万円というのが実態である。

福祉工場の一つの例は、東京都が一九七二年に設置した官製民営の社会福祉法人東京コロニーである。ここでは障害者（聾唖者など）三八人は自治体が発注する制服の縫製や封筒づくりを行い、年商一一億円を上げ、委託費、報奨金、助成金約一億円をうけ、障害者一人月額二二万円を得ている。

第三のグループは、授産施設での就労が困難な重度障害者である。

表７—４　障害者就労作業所グループ（2001年）

| 事業所 | 事業 | 従事者数 |
|---|---|---|
| 3300 | ・農業系——農業、養鶏 | 71,690人 |
| 売上高 | ・食関係系——パン、菓子、 | うち障害者49,080* |
| 138億円 | ワイン製造販売、レストラン | |
| | ・印刷業 | |
| | ・工業系——金属加工、工芸品製造 | |
| | ・清掃系——清掃、緑化 | |
| | ・環境系——リサイクル | |

備考　共同連『障害者労働研究会全国調査報告』（2001年）
＊有効回答数312事業所の結果に基づき全体3300事業所に拡大推計した

## ２　事例

(1)　新座福祉工場（埼玉県社会福祉法人埼玉福祉会）

一九七八年に設立され、障害者一八人、職員一〇人は、印刷会社を経営していた身体障害者の社長の下で働き、日本図書館協会の貸し出しカードづくりのほか、大活字本の印刷製本の仕事をしている。年商九億円、助成金九〇〇〇万円を得て、障害者給与月額二二万円、職員月額四一万円を支給している。

しかしその他の福祉工場では、最低賃金の適用除外となる障害者を抱えることで成り立っている工場が多い。最低賃金適用除外者には知的障害者、精神障害者が多い。

(2)　蔵王すずしろ（宮城県蔵王町）

社会福祉法人「はらから福祉会」（一九七九年に設立）は障害者施設（心身障害者通所援護事業施設二、知的障害者授産施設六、精神障害者小規模通所授産施設一、グループホーム四）を設立している。「蔵王すずしろ」はそのなかの一つで、知的障害者授産施設（通所）として一九九七年に開設された。作業は、とうふ、パン、ドーナッツの製造、野菜栽培で、作業人数は四〇人である。

武田元（施設長、六一歳）は、肢体不自由児の養護学校の教員をしていたが、オイルショックが日本経済に打撃を与えた時期に、就職した卒業生が解雇されて在宅生活になったのを見て、無認可作業所を始めた。それを契機に、その後、障害者の働く施設やグループホームを一三カ所（二〇〇名）まで増やした。平成九年に「蔵王すずしろ」という法人認可施設を作り、退職して施設長を引き受け、障害者四〇名とともに、こだわりの豆腐やおから入りパンの製造販売を行っている。それだけの売上げでは、運営費に足りないから、全国のブランド商品の販売によって補っている。

武田氏はグループホームの生活費（家賃＋食費＋日用品）から割り出して、所得保障の月額目標は七万円だという。自分の暮らしは自分で稼ぐ。その目標が七万円である。全員が、毎年、自動的に昇給するが、無条件に全員を昇給させるわけにはいかない。そこで、職員の支援がなくても一日仕事ができる者は。雇用契約に切替えて行く。その過程で、卒業生たちが何に悩んでいるかと考えた末に、到達したのは、働くことの意味についてである。その報告は、障害者問題を考える上で、たいへん参考になるので紹介しよう。

「結局、たどり着いた結論は、一つはやりがいのある、自分がもっている全力を出し切れる活動、これが働くということだろうと。働くということを皆で確認できたのは、自分の生活を支える、支えるというのは、新たな価値を見出せなければ人間は生きられないわけです。生活を支えるためにはどうしても働くことが必要だな、人間も動物のひとつだな、ということ。障害が重いから働かなくていいよということは、よく突き詰めていくと、あなたは障害が重いんだから生きなくたっていいよ、ということにつながっていきはしないかと考えたわけです。二つ目は、同時に、社会的な役割、人が生きるのは何らかの役割、家庭とか地域社会とか大きな国家レベルで考えても役割を果たすことが存在証明になるだろうし、それが周囲の証人になり、それが自分のなかでの自覚、自らを自立することにつながっていく。働くということは、そういう役割分担だな、障害が重いから働かなくてもいいよということは、あなたには社会的役割は一切ないよということを意味するのではないだろうか。役割がないよということは、いなくともいいよという存在になってしまうということを考えました。障害者問題、いろいろありますけれども、その流れの根底にあるのはこういう流れだと思いました。——（中略）

立場を入れ替えて、自分にもし障害があったとして、どういう暮らしを実現できたらいいか。私は、やはりやりがいのある仕事をしたい。そして認めてほしい、できれば厄介者扱いされるのじゃなくて自立して生きたいと思います。きっと彼らもそう思っているだろう、口に出して言えなくても。やりがいのある仕事をして生きていきたいという前提に立てば、日常的に仕事に集中できないとか、すぐ仕事を放り出すとか、自傷行為に走るとか、精神的に混乱を起こすとか、その原因は何かといえば、『皆、やりがいのある仕事をしたいと思っている』ということだと思います。彼らが、やりがいのある仕事がしたいけどできない証拠として、そういう状態があるだろう。だからとにかく満足できるやりがいのある仕事を準備しようと考えました。

だから、具体的には下請けの仕事は一切しない。簡単だよと言われたら、その仕事はしない。難しいよと言われたら、やるかどうかの検討をする。難しいというのは二つの意味があります。

一つは収益性が高い。もう一つは目標設定が多様にできる。難しいのは分解していけば二〇、三〇の作業工程にわかれる。簡単なものから質的に深いものまでいろんな仕事が準備できるだろう。その中のどこかに彼らがやりたいと思う仕事があるのではないだろうか、という考え方をする。ですから施設内での様々な『問題行動』と言われるものはすべて仕事に原因がある。やりがいのある仕事が準備できないでいることに原因がある、というふうに考えようということです。ある程度の障害の重さにまで仕事が対応できるというのは、やはり仕事は分解していけば単純作業になりますから、それは豆腐づくりでもパンづくりでもなんでもできてくるということです。

もう一つ、難しい仕事の利点は、共同作業なんです。どんなに簡単に見える仕事であっても、それがなければ全体として仕事は成り立たない。だから年功序列の同一賃金というのが充分納得していただける。仕事そのものが単純だと、Aという仕事の報酬、Bという仕事の報酬が違うと、その人がやっている仕事の賃金を差別するかしないかという議論が出てくる。だからどうしても共働の収益性が高い共働の仕事を、障害が重ければ重いほど、それを実現する以外にないなと思います。それを実現することが作業所なら作業所、授産施設なら授産施設の役割だと考えています。――中略――　魅力ある自主製品をつくるためには、我々が魅力ある人間にならなければできないだろう。魅力ある人間ちうのは、利用者の皆さんの要望、願いを実現できる職員集団が魅力ある職員集団。」

（原文まま）

（共同連『障害者労働研究会年報No２』六六、六八～六九頁）

(3)　ねっこ作業所（滋賀県大津市）

共同社会の実現を目指すが、まずは、共に働くことから始め、参加メンバーに最低賃金以上の分配を保障する雇用関係を結び、各人の労働者としての権利と同僚として同等の関係で作業する事を設立の理念としている。

メンバーは障害者一一人、健常者五人のグループで、印刷・製本の受注生産を行っている。収入は七六〇〇万円（事業収入六一〇〇万円、補助金一五〇〇万円）である。分配金の平均月額は、障害者一八万円、健常者二九万円である。メンバーの定着率がよい。それは賃金によるよりは、人間関係が良いからだという。経営においては、生産性の低さ、センスの悪さ、営業力の弱さなどを、適正な機械の導入、労働時間の延長、同業者からの教示などから学ぶことで克服した。

大津市は、障害者授産施設の既成観念を改め、二〇〇〇年から小規模共同作業所を社会的事業所として助成することをはじめた。その要件は次のとおりである。

① 障害者従業員が五名以上二〇名未満で、かつ、雇用割合がおおむね五〇％以上（実人数算定）であること。
② 障害者従業員が就労を継続し、維持できるように支援する機能を有していること。
③ 社会的事業所内外において、障害者理解等の啓発活動を行っていること。
④ 社会的事業所の経営機関に障害者従業員が参画していること。
⑤ 従業員全員と雇用関係を締結していること。

⑥ 労働保険（労災保険、雇用保険）の適用事業所であること。

⑦ 事業所としての経営方針、経営計画が適切であるとともに、利益を上げるための経営努力がなされていること。

## 6 「協同労働の協同組合」法の制定を要請する市民会議

日本のワーカーズ・コープは長い試行錯誤の段階を経て、一九八〇年代以降、市民社会の担い手として、急速に成長してきた。二〇〇〇年一一月、労協連は関係団体に呼びかけて、「協同労働の協同組合法」の制定を要請する市民会議を設立した。ＷＮＪも以前から独自の法制化運動を続けている。

### 1 「市民会議」が構想している「協同労働の協同組合」

市民会議の準備をしている「協同労働の協同組合」法の要綱案は四つの要件で構成されている。

① 自発的な仕事おこしを協同労働により実現する。

② 働く意志のある人々が、共同で出資し、共に労働し、経営する。

③　組合員は、働く人々からなり、働く人々が組合員となる。同時に、目的に賛同し、出資をする人々も、組合からサービスを受ける利用者も組合員となることができる。

④　剰余を起業支援、教育、地域社会の福祉を担う事業のために積み立てる。

（市民会議発行『協同労働の協同組合』法制化を求めて』二〇〇一年による）

日本で「協同労働の協同組合」の法律制度が生まれることは、すでに組織され活動しているる数多くの草の根のワーカーズ・コープ（コレクティブ）が自前の法人格をもち、さらに生き生きと活動するのを支援することになろう。

「協同労働の協同組合」の法制化の意義は、これだけにとどまるものではない。もっと根本的な意義がある。それは、日本国民が自立して働くことつまり雇用されないもうひとつの働き方の基本法的意義がある。それは日本国憲法第二七条と関係がある。

## 7　憲法第二七条のミステリーと「協同労働の協同組合」の法制化

### 1　ニートの真実

ニートについて、就業意欲の乏しい、働かない若者、親のスネかじりという理解が、世間の大人の常識になっている。表面的にはそのとおりである。

しかし、いまの若者はむしろ、働くことの意味を過剰なほど考えこんでいると言う意見がある。玄田有史著『働く過剰――大人のための若者読本』（ＮＴＴ出版、二〇〇五年）によれば、「ニートが象徴するのは、個性や専門性が過剰に強調される時代に翻弄され、働く自分に希望が持てなくなり、立ち止まってしまった若者の姿だ」という。だからニートを「働く意欲のない若者」としないで、「働くことに希望を失った若者」としたほうがよいと言う。若者は本当の自由や自立は働くことでしか得られないことを知っている。そのため心のなかでは働きたいと思っているのだ。しかし、他人とのコミュニケイションが下手であったり、プライドが高すぎるのか、「自分の能力や適性にあった仕事が見当たらない」、「やりがいのある仕事に出会わない」などと考えこんでしまうのである。

さらに、ニートが社会的に問題なのは、それらの若者が「遊んで暮らせる」ほどの富裕層に多いのではなく、年収三〇〇万円以下の低所得層の家庭で、しかも高校中退者に多いという事実である。

憲法第二二条は職業選択の自由を保障して、「何人も、公共の福祉に反しない限り、居住移転及び職業選択の自由を有する」と謳っている。無職も選択の一つだとすれば、誰が無職者、ニートを非難できるのか。非難するには、「働く」とは何か、「職業に就く」とは何かを明確にしなければならない。

## 2　憲法第二七条をどう読むか

憲法第二七条はこう述べている。
すべての国民は、勤労の権利を有し、義務を負う。
賃金、就業時間、休息その他の勤労条件にかんする基準は、法律でこれを定める。
児童は、これを酷使してはならない。
英文
All people shall have the right and the obligation to work.
Standards for wages, hours, rest and other working conditions shall be fixed by Law.
Children shall not be exploited.

この条文の第一項は、国民のすべてに対して、労働の権利と義務を定めたものである。すなわち雇用労働あるいは非雇用の自営労働を問わず、すべての国民にたいして労働する権利を保障し、その義務を果たすべきことを宣言したものである。憲法に労働の権利を保障することは、その時点まででは、フランス憲法（一八四八年）、ソヴィェト社会主義共和国憲法（一九三六年）に見るだけで、世界的にもその例がすくなく、極めて画期的なことと評価すべきことである。

しかし一読して理解に苦しむのは、労働の権利と義務を連記している第一項から直ちに第二項の労働条件の基準に飛んでいることである。労働の権利は、可能性の「権利」として了解できるが、労働の「義務」を課した以上、義務を果たすための就労ないし就業の保障の規定が次項に来なければならないと思うのである。すなわち、青少年にたいして国が職業訓練をする責任、また企業が就職希望者を雇用する責任、不況下で失業者が出るときは国が失業者就労の公共事業を起こすとか、またあるいは自営の道を撰ぶ者を支援するとか、とにかく国民的労働基本政策の文言が挿入されなければ、第二項の労働条件の基準に言及することができないはずである。なぜならば、英文①にあるobligationという言葉は、法律あるいは契約によって果たすべき責任ある義務を意味する言葉である。その点、精神的道徳的義務を言うdutyよりも具体性のある責任なのである。

第一項と第二項の間に就労・就業保障の補足文言があって、はじめて第二項が生きてくるのである。それがなければ、論理的に成立しないと考えざるをえない。

では、マッカーサー憲法草案ではどうなっていたか。実は、草案には、obligationもdutyの言葉もなかったのである。マッカーサー草案ではこうなっている。関係個所を転記しよう。

XXIV The exploitation of children shall be prohibited.

Standards for working conditions, wages and hours shall be fixed.

XXV All men have the right to work.

マッカーサー草案の第24条と第25の労働の規定を一つに編集したのが、現行日本国憲法第二七条である。草案には労働の「義務」の規定はなかった。では、日本国憲法のなかに義務（obligation）の文字を挿入したのは誰か。ミステリーである。

## 3　協同労働の協同組合のもうひとつの社会的意味

(1)　雇用労働と自営労働とを統一するミッシング・リングとしての社会的労働

第二七条の労働の権利／義務、労働条件の基準については、法学者の間でも二つの見解にわかれる。一つは、この条文は、労働のあり方にかんする可能性ないし期待的規範を述べたものとする理解である。他の一つは、具体性をもった労働制度ないし労働体制の現実的指針を述べたものとする見解である。

第二項では、「基準を法律で定める」とわざわざ述べているから、第二七条は後者の立場すなわち実現可能な具体的現実としての労働のあり方を想定していると見ることが出来よう。現実論の立場にたつと、第一項の労働の権利・義務と第二項の基準の法定化との整合のためには、その中間に、労働一般にかんする国ないし民間の社会組織のあり方を提起しなければならなかったはずである。これは充分可能である。憲法第一二条で、「この憲法が国民に保障する自由および権利は、国民の不断の努力によって、これを保持しなければならない。又、国民はこれを濫用してはならないのであって、常に公共の福祉のためにこれを利用する責任を負う」と述べている。二七条の空白部分に、これを具体化する方向を示すべきであったのである。その国民的努力の一つの形態が、雇用労働と自営労働を統一するもの、すなわちミッシング・リングとしての「協同労働の協同組合」でなければならなかった。

(2)　労働基準

さて問題は第二項である。日本国憲法は上述の「協同労働」の社会組織を欠いたまま第二項の労働条件の基準について法制化しなければならなかった。日本政府は賃金については「最低賃金法」、労働条件の基準については「労働基準法」を制定した。

労働条件にかんする根幹法ともいうべき「労働基準法」を検討しよう。この基準法は労働そのものを定義することを避け、いきなり労働「条件」を論題として、「労働条件は、労働者が人たるに値する生活を営むための必要を充たすもの」とするにとどまっている。しかも「労働者」を定義して、「この法律で労働者とは、職業の種類を問わず、事業または事業所に使用されるもので、賃金を支払われる者」（同法第九条）、すなわち雇用労働者に限定している。

協同労働の協同組合においても、「労働基準法」に定める諸基準を準用することができる。しかし構成員が使用者であり、労働者であるから、そのまま適用できない。協同労働の協同組合においては、労働基準を集団として相互扶助的に達成するのであって、その方法は総会の議決により合意された労働規約によって定められる。家内労働者や自営農業者に就いては、協同労働に組織することによって、労働基準を集団的に適用できるようにする道をとるのである。

(3)　就労と就業

憲法第二七条にいう労働の権利と義務は、日本型雇用形態のもとでは、比較的に一致していた。職業経験のない新規学卒者が会社に採用され、労働見習いを通じて技能を修得し、職業を持つ人材として養成される。職業とは、単に労働することではなく、社会的に有用な技能・サービスを提供し、それに見合う公正な労働対価を得ることのできる業態を言うのである。単なる労働は、家庭労働などのように個人の事情によってかわる主観的問題である。職業は客観的な社会的評価によって成り立つものである。

しかし、グロバリゼーション下の厳しい競争にさらされている企業には、もはや企業内で人材を養成する余裕あるいは能力がなくなった。企業は即戦力を求め、技能や資格を始めから要求する。若者にとって、就労と就業は自動的に進行しなくなった。ニート問題の発生は、この構造のもとでおきてきた。憲法第二七条に言う国民の労働の権利と義務の間にある空白は、「協同労働の協同組合」の規定を挿入することで、論理的に埋まるのである。

（初出　協同総合研究所『協同の発見』一六六号、二〇〇六年五月）

# 結びにかえて

戦後六〇年、ワーカーズ・コープの運動は、市民社会にとって公益性のある事業を担うまでに成長してきた。ワーカーズ・コープは、環境問題や福祉の問題で、型通りの行政では手の届かない部面に手を差し伸べることのできる社会組織であることが実証されてきた。

二一世紀に入った社会の緊急の課題は、不安定就労にさらされる人々に血の通ったシェルターの役割を果たす組織を用意することである。企業のリストラ、外注化などによって、不正規雇用に悩まされる人々には、就業機会を準備するセイフティ・ネットの機能を整備し、またニートと呼ばれる若者には、働く意義を発見する機会を提供することが、構造的に必要となっている。ワーカーズ・コープは、その要件を備えた相互扶助組織であることが、新たに認識されてきた。

やや改まった言いかたをすると、ワーカーズ・コープは経済活動をしつつ社会的な非営利活動を行う協同組合であって、しかも働く者がその経営に全面的に関わるというニュー・ファッションの組織である。換言すると労働の協同組合は、フォーマルなセクターとインフォーマルなセクターのインターフェイスを担う社会的組織であって、従来の民間企業が待望していてしかも果たすことができなかった社会機能を備える柔軟な事業組織である。

このように見ると、「協同労働の協同組合」の法制化は、単に労働者協同組合の営業上の都合から法人格を与えるという矮小化された観点から論議することではないように思われる。グローバル化する日本にとって、企業が「株主本位企業」の体制から「社会的責任を果たす企業」の体制に移行することが、国際的に注視の的になっている。しかし、日進月歩の世界の現状では、日本の企業意識とその組織は国際水準より遅れつつある。「協同労働の協同組合」を早期に立法化することは、日本社会の新たな活性化に弾みをつけるであろう。

したがって労働者協同組合については、その過去の歴史にたいする偏見に固執するのではなく、二一世紀のあたらしい展望に立って、その社会的意義について論議すべきであろう。「協同労働の協同組合」の法制化は早ければ早いほど良いのである。いまや「社会的企業」の中核としてワーカーズ・コープを育成することは、世界の共通認識になっているのである。

# 参考文献


## 第一章

日本協同組合同盟『日本協同組合新聞』（お茶の水書房、一九八八復刊）
石見尚編著『日本のワーカーズ・コレクティブ』（学陽書房、一九八六）
石見尚著『協同組合論の系譜』（家の光協会、一九六八）

## 第二章

日本生産合作社協会編『生産合作社の理論と実際』（一九四八）
国井長次郎編著『国井長次郎著作集第二巻　合作社運動』（土筆社　一九九一）
樋口兼次「戦後日本の労働者生産協同組合――生産合作社の展開過程」（拓殖大学経理研究所『経営経理研究』第三〇号、一九八三）

## 第三章

ハワード・ジン著、猿谷要監修、平野孝訳『民衆のアメリカ史』（ＴＢＳブリタニカ、一九九三）

アメリカ学会訳編『原典　アメリカ史　第五巻』（岩波書店、一九五七）
Seba Eldridge and associates ; Development of Collective Enterprise（University of Kansas Press, 1943）
堀越芳昭「米国対日占領政策の展開と協同組合」（中央協同組合学園『農協基礎研究』第18号）
高野房太郎著、大島清、二村一夫編訳『明治日本労働通信』（岩波文庫、一九九七）
セオドア・コーエン著、大前正臣訳『日本占領革命（下）』（ＴＢＳブリタニカ、一九八三）
川内克忠「イギリス会社法と経営参加の法理」（『早稲田法学』第五四巻第１・２号、一九七八）
Christine de Matos ; The Allied Occupation of Japan（2005）
ロナルド・ドーア著、山之内靖、永易浩一訳『イギリスの工場・日本の工場』（ちくま学芸文庫、一九九三）
Susan Cockerill & Colin Sparks; Japan in Crisis（International Socialism, 72）
マシュー・ジョセフソン著、牧田陽一訳『シドニー・ヒルマン』（上下）（第一書林、二〇〇二）

**第四章**

全国中小企業団体中央会『企業組合の組織および事業活動の現状と今後の方向に関する調査報告書』（平成八年）
中小企業庁組織課編著『中小企業等協同組合法の解説』（ぎょうせい、一九九〇）
小倉武一、打越顕太郎監修『農協法の成立過程』（協同組合経営研究所、一九六一）
赤羽武編『日本林業の生産構造』（農林統計協会、一九九二）

## 第五章

三菱重工業株式会社編纂委員会『海に陸にそして宇宙へ　続三菱重工業社史（一九六四～一九八九）』（一九九〇）
中小企業家同友会全国協議会『人を生かす経営――中小企業における労使関係の見解』（二〇〇五）

## 第六章

全国金属東京地本糀谷ブロック略史編集委員、斎藤明、黒河内隆『糀谷の旗の群列』（全国金属東京地本、一九八九）
渡辺製鋼所六〇周年略史編集委員会『株式会社渡辺製鋼所六十周年略史』（渡辺製鋼所、一九九二）
キャノン『歴史舘　キャノンカメラ史　一九三七～一九四五』（ｎｅｔ―ｉｒ）
ワーカーズ・コレクティブ調整センター編『労働者の対案戦略運動』（緑風出版、一九九五）
石見尚編著『仕事と職場を協同で創ろう――ワーカーズ・コープとシニア・コープ』（社会評論社、二〇〇〇）
小野寺忠昭著『地域ユニオン・コラボレーション論』（インパクト出版会、二〇〇三）
日本労働弁護団『働く人のための倒産対策実践マニュアル』（日本労働弁護団、二〇〇六）

## 第七章

日本協同組合学会訳編、レイドロー報告『西暦２０００年の協同組合』（日本経済評論社、一九八九）

Alexandar F. Laidlaw; Housing You Can Afford（Green Tree Publishing Company Ltd. 1977）

企業組合　ワーカーズ・コレクティブ『凡』『ブルーベリーソース物語』（コック舎、二〇〇六）

ＷＮＪ『第六回　ワーカーズ・コレクティブ全国会議・ｉｎ北海道』（二〇〇三）

日本労協連、高齢協編『介護予防から元気・健康づくりへ――実践事例集』（労協連、二〇〇六）

障害者労働研究会全国調査報告『二一世紀における障害者就労と生活のあり方とその環境条件にかんする総合的調査』その一、二（ＫＳＫ共同連　二〇〇二、二〇〇五）

障害者政策研究全国実行委員会『第一一回全国集会』（二〇〇五）


## 結びにかえて


グレッグ・マクラウド著、中川雄一郎訳『協同組合企業とコミュニティ』（日本経済評論社、二〇〇〇）

Jacques　Defourny; Social enterprise in an enlarged Europe: Concept and realities (2005)

Ｔ・ジャンテ氏招聘市民フォーマル『勃興する社会的企業と社会的経済』（同時代社、二〇〇六）

# あとがき

生協運動家の山本氏が言いました。「ワーカーズ・コープのサクセス・ストーリーだけでなく、失敗事例も紹介してくださいよ。そのほうが役に立つのだけど」。もっともだと思います。期せずして、本書は敗戦後の同時代人の心意気と無念さとの両面を記録することになりました。

幸い一九八〇年代以降のワーカーズ・コープ（コレクティブ）には、失敗事例が少ないのが事実です。失敗の原因は内紛、その他のケースはきわめて少なくて、人間関係はよいのだけれども、資本不足のために、事業を継続できなくなり、解散や組織変更するケースがあります。今年の一月、新横浜駅に近い新羽町《にっぱ》で、操業していた「印刷ワーカーズパピエ」が、一七年の活動に終止符を打って解散しました。老朽化した印刷機が故障し、新機種に更新するかわりに、事業を打ち切ったとのことです。メンバー五人のコーラスによるAuld Lang Syneの歌声が聞こえるような挨拶でした。

同じく横浜市にワーカーズ・コレクティブやNPO法人にたいして資金的支援を行っている女性・市民信用組合設立準備会があります。その理事長、向田映子さんは言いました。「すでに融資残高が三億円になるのだけれど、こげつきのないのが自慢です」。やがてカナダのデジャルダン・クレディット・ユニオンのような市民企業の中核機関に発展することを期待しています。

失敗例と言えば、政府も大衆団体も政治経済また組織法制の面で、労働運動や協同組合制度の根幹にかかわる大きい失敗をおかしてきた点が少なくないと思われます。その経過を直視し、日本社会の長所と弱点を、それとの関連で点検すべき時が来ているように思います。消費者運動の開拓者、野村かつ子さんは言いました。「勝たなくとも良い、負けなければよいのだ」と。同感です。この本も、社会運動の「負けない」組織づくりのために役立てば幸いです。運動は失敗しないで成功することに越したことはないのですが、現実には失敗と成功の交錯した混沌のなかからのみ、新しい秩序が創り出されていくものだと思います。そのため本書では、成功の事例と同じく失敗の事例を多く紹介しました。そしてタイトルに「社会史」の文字を書き入れました。

足で集めた事例は、本書で紹介したもの以外にも沢山あります。共に語り、また見聞したワーカーズ・コープ（コレクティブ）の方々の顔が目の前に現れ、その声が耳もとに聞こえるのですが、すでに他の著書や論文で紹介しておいたものもありますので、それらに譲り、紙数の都合で残念ながら割愛いたしました。

最後に本書の出版と助言、校正を引き受けてくださった緑風出版の高須次郎氏ならびに皆さん方に感謝の言葉を申しあげます。

二〇〇七年一月

著者

[著者略歴]

**石見　尚（いわみ　たかし）**

1925年生まれ。東大農学部卒。全国指導農協連、国会図書館調査局国土交通課長、（財）農村開発企画委員会主任研究員・常務理事を経て、日本ルネッサンス研究所の創立に参加。現在その代表。

協同組合研究家、農村開発プランナー。元東工大講師（非常勤）、農学博士。地域経営マイスター（岩手県）。「協同労働の協同組合」法制化をめざす市民会議幹事会副会長。

著書に『WTO―シアトル以後』『日本型田園都市』、『農系からの発想』、『第四世代の協同組合論』ほか、また訳書に『ニームとは何か』他多数がある。日本ニーム協会顧問。インド・西ベンガル州の最貧層の村で食と仕事づくり、衛生のためのモデル的農村開発を手がけている。

日本型《にほんがた》ワーカーズ・コープの社会史《しゃかいし》
働くことの意味と組織の視点

2007年3月28日　初版第1刷発行　　定価2400円＋税

著　者　石見　尚
発行者　高須次郎
発行所　緑風出版

〒113-0033　東京都文京区本郷2-17-5　ツイン壱岐坂
［電話］03-3812-9420　［FAX］03-3812-7262
［E-mail］info@ryokufu.com
［郵便振替］00100-9-30776
［URL］http://www.ryokufu.com/

装　幀　堀内朝彦
組　版　R 企 画　　印　刷　モリモト印刷・巣鴨美術印刷
製　本　トキワ製本所　　用　紙　大宝紙業　　E1500


ISBN978-4-8461-0703-1 C0036

# ◎緑風出版の本

■全国どの書店でもご購入いただけます。
■店頭にない場合は、なるべく書店を通じてご注文ください。
■表示価格には消費税が転嫁されます